EL MEJOR LÍDER DEL MUNDO

10 PASOS INDISPENSABLES PARA LLEGAR A SERLO

MYLES MUNROE

WHITAKER HOUSE
Español

El mejor líder del mundo

10 pasos indispensables para llegar a serlo
Publicado originalmente bajo el título: *Becoming a Leader*

Traducción al español por Sara Raquel Ramos.

Dr. Myles Munroe
Bahamas Faith Ministries International • P. O. Box N9583 • Nassau, Bahamas
office@munroeglobal.com
www.munroeglobal.com

Edición: Henry Tejada Portales

ISBN: 979-8-88769-255-5 • eBook ISBN: 979-8-88769-254-8
Impreso en Colombia

Whitaker House • 1030 Hunt Valley Circle • New Kensington, PA 15068
www.espanolwh.com

Por favor, envíe sugerencias sobre este libro a: comentarios@whitakerhouse.com.

1 2 3 4 5 6 7 8 9 10 11 31 30 29 28 27 26 25 24

DEDICATORIA

A mi adorada esposa, Ruth, quien es la esencia del amor, una fuente personal de ánimo e inspiración, y la causa de mi compromiso apasionado a la excelencia en el liderazgo.

A mi hija e hijo, Charisa y Chairo (Myles hijo), quienes continuamente proveen incentivo para el ejercicio y el desarrollo de mi potencial en el liderazgo.

Al líder en cada seguidor. A los millones que han resuelto seguir siempre subyugados a los caprichos de los demás.

A todos los individuos que he tenido el privilegio y la oportunidad de inspirar, para que se esfuercen en ser la persona para la que fueron creados.

A los millones de hombres y mujeres que al presente ocupan el vientre de sus madres, hijos destinados a cambiar el mundo y a convertirse en líderes de su propio destino.

Y a los pueblos del tercer mundo, cuyos potenciales estuvieron —y en algunos casos todavía están— oprimidos y reprimidos por las opiniones y el juicio de otros.

A todos los líderes aspirantes para los cuales la vida les depara una tremenda promesa.

RECONOCIMIENTOS

Esta obra es un producto sinérgico de muchas mentes. Estaré por siempre agradecido por la inspiración y sabiduría de muchos grandes hombres y mujeres, quienes por medio de su compromiso y pasión para desarrollar su potencial han dejado un legado para motivarnos a mí y a mi generación.

Agradezco también a los miembros, amigos y colegas de *Bahamas Faith Ministries International* (Ministerio Internacional de Fe de las Bahamas). Su fiel oración, paciencia y lealtad me inspiran y permiten que cumpla con mi propósito y potencial, especialmente mi fiel Administradora Ejecutiva y hermana mayor, Sheila Francis.

Por el desarrollo y producción de este libro, tengo un profundo sentido de gratitud hacia:

Mi maravillosa esposa, Ruth y nuestros hijos, por su paciencia, comprensión y apoyo durante mis viajes y compromisos fuera del hogar. Ustedes hacen fácil que yo pueda cumplir con la voluntad de Dios.

Mi círculo de amigos cercanos, pastores y miembros de la junta: Richard Pinder (mi amigo y, por cierto, pariente político), Henry Francis, Dave Burrows, Wesley Smith y Jay Mullings (el gentil gigante cuya compañía por muchos años de viaje ha contribuido a la desenvoltura de mi potencial). Tu lealtad y compromiso a la visión puede atribuírsele a casi todo lo que Dios ha hecho en mi vida.

Los mejores amigos en el ministerio que alguien pueda tener: Turnel Nelson, Bertril Baird, Peter Morgan, Fuschia Pickett, Ezekiel Guti, Fred Price, Allen Langstaff, Jerry Horner, Kingsley Fletcher y Richard Dementte.

Y, finalmente, a la Fuente y Proveedor de todo potencial, al Omnipotente, el Padre y Señor de toda la creación; a su Hijo, mi Hermano mayor, Jesucristo; y a mi Consejero personal, el Espíritu Santo. Gracias por el privilegio de servirles a Ustedes.

CONTENIDO

PREFACIO

UN BUEN LIDERAZGO ES INDISPENSABLE

Creo que atrapado dentro de ti hay un líder no descubierto, ¡el cual es de gran valor para tu generación!

¿Los líderes nacen, se hacen, son desarrollados, creados y cultivados, o son producto de las circunstancias? ¿Está el liderazgo reservado solamente para la élite de unos cuantos, para un género específico, para personas de un estrato social, o para aquellos con una inteligencia avanzada? ¿Es el liderazgo la prerrogativa de una crianza distinta, es derivado del ADN de una raza superior? ¿Puede cualquier persona, de cualquier parte, en cualquier momento, surgir como un líder? En cierta forma estas preguntas han estado latentes por miles de años. Este libro está escrito para desafiar las limitaciones del concepto que tienes acerca de tus propias habilidades, y con la esperanza de suscitar en ti la convicción de que naciste para liderar.

El mundo está lleno de seguidores, supervisores y gerentes, pero muy pocos *líderes*.

La historia ha producido un legado de distinguidos y destacados líderes que han impactado al mundo y el continuo desarrollo de la humanidad. Estos fueron hombres y mujeres, ricos y pobres, letrados e iletrados, expertos e inexpertos. Estas personas llegaron de todas las razas, colores, idiomas y culturas del mundo. Muchos de ellos no tenían ninguna ambición de convertirse en grandes o renombrados. De hecho, la mayoría de los individuos que han afectado grandemente a la humanidad han sido personas simples que fueron lanzados a las circunstancias que exigieron las cualidades escondidas de sus caracteres, o que fueron inspirados por sus apasionadas metas personales.

Los líderes son personas comunes que aceptan o son colocadas bajo circunstancias extraordinarias que dejan manifiesto su potencial latente, produciendo el carácter que inspira confianza y seguridad en los demás. Nuestro mundo actual desesperadamente necesita de este tipo de individuos.

En su reconocida obra, *Julio César,* William Shakespeare escribió: "Hay una marea en los asuntos de la humanidad". Con estas palabras, él estaba expresando su observación de las olas de historia y la influencia sobre nuestras vidas. Es como si nosotros, como individuos y naciones, estuviéramos atrapados en una marea de eventos providenciales. Hubo eras en la historia del mundo en las cuales influencias como de muchas mareas han impactado nuestras civilizaciones y culturas casi al mismo tiempo. Estos incidentes históricos son conocidos como "intersecciones de la historia". Yo sugeriría que ahora mismo estamos en una confluencia de mareas históricas.

Quizá el siglo veinte vio más desarrollos angustiantes que ningún otro siglo, incluyendo guerras devastadoras, nuevas armas monstruosas, innumerables desastres naturales y enfermedades fatales. Probablemente también haya sido el más interesante, políticamente hablando, el más revolucionario e impredecible de todos los siglos de la historia. En las últimas décadas, relativamente en un corto lapso de tiempo, el mundo ha experimentado muchos cambios notables en el ámbito de la ciencia, la tecnología, la medicina y la exploración espacial, como también en cientos de otros supuestos avances. Debemos acordar que nuestra generación vive en una marea arremolinada de eventos, sueños, promesas, amenazas e ideas cambiantes acerca del presente y del futuro. Las condiciones de nuestro mundo presionan a la presente generación a preguntar nuevamente: "¿Por qué estoy aquí? ¿Cuál es el propósito de la vida? ¿Por qué la vida y la realidad son como son?".

Los líderes de nuestra era se ven desconcertados cuando se les pide explicar por qué nuestro mundo está como está, o cuando se les solicita sugerir una dirección para el futuro. Muchas personas en posiciones de confianza confiesan que simplemente están tratando de mantener un poco de control y otros han abandonado siquiera esa esperanza.

Sumado a este ambiente desolador, se encuentra la dolorosa realidad de que en las últimas décadas parece haberse desarrollado un dramático vacío en el liderazgo alrededor del mundo. En casi todos los ámbitos existe una ausencia de calidad en el liderazgo eficaz. Eventos recientes indican que las generaciones anteriores han producido líderes débiles que se desvanecen en la presencia de un verdadero liderazgo, dejando a nuestra generación con el mismo vacío en el liderazgo político, cívico, económico, social y espiritual.

La deshonra y caída de renombrados líderes cristianos, el delato de corrupción y actividades poco éticas entre líderes políticos y de negocios, y el encubierto de conspiraciones de gobierno traicionando a sus propios pueblos sirven como evidencia de que esta falta de calidad en el liderazgo está afectando todas las áreas de nuestras vidas. Necesitamos urgentemente líderes competentes.

¿Dónde hallamos dichos líderes? Aunque con frecuencia pensamos en los líderes como si estuvieran muy "lejanos", debemos buscarlos en nosotros mismos. Cada uno de nosotros es un líder que puede afectar las personas e instituciones de nuestro propio nivel de influencia. Cuando comenzamos con nosotros mismos, naturalmente haremos efecto en las vidas de los demás.

Es en este ambiente que, como mayordomos de esta presente era, debemos enfrentarnos al desafío de desarrollar, adiestrar, desenvolver y reproducir una generación de líderes que aseguren el futuro de nuestros hijos y nietos. *El mejor líder del mundo* está diseñado para contribuir con soluciones a este desafío. Es mi esperanza que seas inspirado a responder al llamado de tu destino y responsabilidad, y que despiertes y desarrolles el líder potencial dentro de ti.

Un buen líder no solamente sabe hacia donde se dirige,
sino que inspira a otros a ir con él.

INTRODUCCIÓN

LOS GRANDES LÍDERES NO DESEAN LIDERAR, SINO SERVIR.

Existe un potencial de liderazgo en toda persona. A pesar de esta habilidad latente, muy pocos individuos se dan cuenta de este poder y muy pocos han respondido eficazmente al llamado. Como resultado, nuestras naciones, sociedades y comunidades están sufriendo debido a un asombroso vacío de liderazgo.

¿Dónde están los líderes genuinos? ¿Dónde están los individuos que están dispuestos a tomar responsabilidad por la situación y condiciones presentes en el mundo? ¿Quién está dispuesto a aceptar el desafío y enfrentarlo con integridad, carácter y compromiso por un mundo mejor? Nuestros hogares claman por sus líderes. Nuestros jóvenes ruegan por líderes. La iglesia está sufriendo debido a la ausencia de líderes. Nuestros gobiernos están siendo socavados o desautorizados debido a la falta de líderes. Nuestras comunidades necesitan personas modelos, nuestros hijos necesitan padres y nuestro mundo necesita dirección. Desde América hasta Australia, desde Croacia hasta el Caribe, desde Uganda hasta Uruguay, el mundo desesperadamente necesita de verdaderos líderes.

Esta no es la primera vez que una escasez de liderazgo eficaz y de calidad ha sido la norma alrededor del mundo. Un vistazo rápido a los registros históricos demuestra que durante períodos cuando el caos moral, social, económico, espiritual y político se ha apoderado de las naciones, es cuando los más grandes líderes han surgido.

El registro bíblico revela que Dios exige líderes de calidad durante períodos de crisis humanas. Su búsqueda por un liderazgo eficaz es expresada en muchos pasajes tales como el siguiente:

> *Así que recomiendo, ante todo, que se hagan plegarias, oraciones, súplicas y acciones de gracias por todos, por los reyes y por todas las autoridades, para que tengamos paz y tranquilidad, y llevemos una vida devota y digna.* (1 Timoteo 2:1-2)

Cuando a una nación le faltan líderes de calidad, legítimos y justos, ocurre un deterioro en toda la nación. No obstante, al igual que es imposible que de un manantial amargo brote agua dulce, es imposible que un mundo perverso produzca líderes probos, o que un sistema injusto produzca características justas.

¿Qué convierte a un individuo en líder? ¿Quién se convierte en líder? ¿Cuándo se convierte una persona en líder?

La esencia del liderazgo está en ejercer tu influencia. El mandato dado a la Iglesia cristiana por el mismo Cristo es *vayan y hagan discípulos de todas las naciones... enseñándoles a obedecer todo lo que les he mandado a ustedes* (véase Mateo 28:19-20). Este es un mandato directo para proveer líderes para las naciones, instruyéndoles a vivir de acuerdo con los principios del reino de Dios.

Esta comisión claramente coloca la responsabilidad de producir la calidad de líderes que el mundo necesita sobre los hombros de la Iglesia cristiana. Es triste observar que incluso la Iglesia misma necesita de un liderazgo de calidad. Posiblemente, parte de la razón para esto es que la Iglesia y su teología se ha preocupado más por el cielo y en preparar a los individuos a dejar el planeta; mientras tanto, ha descuidado la responsabilidad de producir líderes de calidad para la tierra actual. La responsabilidad de satisfacer esta necesidad es el desafío de nuestra generación, por el bien de las generaciones venideras.

Al leer este libro, tomarás responsabilidad del clamor que pide líderes para tu nación, tu ciudad, tu comunidad, tu iglesia y tu familia. Este libro está diseñado para despertar y realzar el líder potencial escondido dentro de ti, de modo que luego desarrolles y refines tus habilidades de liderazgo y las uses para beneficiar al mundo.

Un verdadero líder es un modelo para sus seguidores.

PARTE 1

DESCUBRIÉNDOTE A TI MISMO COMO LÍDER

uno

LLAMADO PARA LIDERAR

En junio de 2008, un tornado devastador irrumpió en un campamento de Boy Scouts en Iowa, matando a cuatro muchachos y lesionando a docenas. La tormenta fue tan repentina que los muchachos y sus líderes dijeron que no habían tenido "ninguna oportunidad" de escapar de ella. Esta puede haber sido una trágica historia de pérdida dolorosa, en cambio se volvió un testimonio del poder de liderazgo en las vidas de cada persona.

Jovencitos no mayores de diez y ocho años demostraron las cualidades de liderazgo que previnieron un escenario peor, y literalmente salvaron vidas al aplicar rápidamente sus conocimientos de primeros auxilios y otros procedimientos en respuesta a la crisis. No es de sorprenderse que estos muchachos estuvieran asistiendo a un campamento de entrenamiento de liderazgo. Mientras los noticieros los exaltaban como "héroes", estos muchachos decían de sí mismos estar "preparados". La crisis reveló que su entrenamiento de liderazgo se había convertido en parte de ellos. Sus historias muestran el impacto de líderes cotidianos que están haciendo la diferencia en sus esferas individuales de influencia.

EL MAL CONCEPTO DEL LIDERAZGO

Los grandes filósofos griegos como Platón, Aristóteles y Sócrates consideraron y exploraron las dinámicas de la conducta humana y la naturaleza de la humanidad. Una parte significativa de su investigación y contemplación la enfocaron en el arte y las dinámicas de las relaciones sociales humanas referente al dominio. Indicaron el tema del liderazgo y examinaron esta compleja materia con mucho detalle.

Una de las conclusiones básicas fue que el liderazgo es producto de la dotación natural y de los rasgos de la personalidad. Ellos postularon que una persona es nacida para liderar, mientras que otros nacieron para seguir y ser subordinados. Por muchos años este concepto del liderazgo ha prevalecido en numerosas escuelas de pensamiento. Los resultados han producido un concepto histórico y global donde las masas están condenadas por el destino de sus circunstancias, y destinadas para ser gobernadas por algunos pocos privilegiados. Sin embargo, una y otra vez la historia nos ha presentado casos que contradicen el principio de esta percepción de liderazgo y, en muchas maneras, desafían la noción de que los líderes son "nacidos".

LÍDERES POCO PROBABLES

Los líderes son personas ordinarias que aceptan o son puestas bajo circunstancias extraordinarias que muestran su latente potencial, produciendo un carácter que inspira la seguridad y la confianza de otros. Existen personas que, basados en las teorías de los filósofos griegos, nunca hubieran sido aceptados como material de liderazgo; pero se convirtieron en algunos de los más importantes líderes en la historia.

David, un insignificante pastorcillo que fue considerado el último de su familia, tuvo su lugar en la historia como el más grande rey que la nación de Israel haya producido.

Pedro, un simple pescador con una personalidad impulsiva, fue catapultado en la posición del primer y principal líder de la iglesia cristiana primitiva.

Abraham Lincoln tenía muy poca educación formal y un estilo de vida embarazoso, pero llegó a convertirse en un líder nacional, y fue considerado por muchos el más grande presidente de los Estados Unidos.

Helen Keller fue una niña de un pueblo pequeño de Alabama, quien debido a una enfermedad perdió su vista y audición antes de que cumpliera los dos años de edad. Pero se volvió en una lectora internacionalmente reconocida, autora de más de diez libros, y una poderosa abogada de los derechos de los incapacitados físicamente. Recibió la Medalla Presidencial a la Libertad, y su libro, *La historia de mi vida,* todavía está disponible en más de cincuenta idiomas.

La Madre Teresa fue una simple maestra y monja de Macedonia que decidió dedicar su vida a la caridad para los indigentes en India; pero en su compasión y determinación de ayudar a los demás, se volvió una líder internacional, sirvió de inspiración para millones y fue galardonada con el Premio Nóbel de la Paz.

TODOS PUEDEN LIDERAR

Quizá muy dentro de ti, enterrado por el mal concepto que solo la gente especial es llamada a la elevada posición de líder, haya uno de los líderes más grandes de nuestro tiempo. Creo que hay un líder en cada uno esperando para servir a su generación. Es esencial que cambies tu concepto de liderazgo y veas por ti mismo la manera que tu Creador te ve. No todos somos iguales, pero todos somos líderes en nuestras propias y únicas maneras.

¿Por qué deberías convertirte en un líder? Porque ese es el llamado de cada ser humano, sin importar la edad, el sexo, las circunstancias o vocación. Este es *tu* llamado.

El líder dentro de ti se aviva cuando descubres tu propósito, tu visión en la vida y tu potencial, y cuando te determinas a cumplirlos sin transigir. Se ha dicho de Helen Keller que ella "se convirtió en una líder excepcional, cuando vio el potencial en su propia mente".[1]

NO TODOS SOMOS IGUALES, PERO TODOS SOMOS LÍDERES EN NUESTRAS PROPIAS Y ÚNICAS MANERAS.

CREADOS PARA LIDERAR

¿Recuerdas la última vez que se te ordenó que hicieras algo? ¿Puedes acordarte la inclinación natural muy dentro de ti para resistir a lo exigido, aunque hayas cooperado? Este deseo natural de rebeldía contra las órdenes puede ser visto en los niños más pequeños y permanece en muchas personas a lo largo de toda su vida. Como adultos, hemos desarrollado mecanismos de conducta sofisticados para regular y controlar este impulso. ¿Cuál es la fuente de este deseo para resistir el espíritu de dominación? ¿Por qué nos molestamos cuando nos dicen lo que debemos hacer?

Por supuesto, la cooperación amistosa y dispuesta entre los miembros de familias, organizaciones, compañías, iglesias y países es buena, saludable y necesaria para que estas entidades sean capaces de funcionar y cumplir sus metas. Cuando hablo sobre una tendencia para resistir al control, no me estoy refiriendo a una resistencia de colaboración personal y a los equipos de trabajo, sino a la frustración de ser dominado. Aquellos que no entienden sus valores inherentes en el mundo, esencialmente viven sus vidas por los caprichos o misericordia de otros en vez de ejercer el propósito y visiones dados a ellos por su Creador. Esta falta de entendimiento puede guiar al sentido de frustración constante, inutilidad o apatía.

Para reconocer la diferencia entre el verdadero liderazgo y la dominación, debemos regresar a la creación de la humanidad.

> *Luego dijo Dios: «Hagamos al ser humano a nuestra imagen y semejanza. Que tenga dominio sobre los peces del mar y sobre las aves del cielo; sobre los animales domésticos, sobre los animales salvajes y sobre todos los animales que se arrastran por el suelo».*
>
> *Y Dios creó al ser humano a su imagen; lo creó a imagen de Dios; hombre y mujer los creó.* (Génesis 1:26-27)

> *Y Dios el Señor formó al ser humano del polvo del suelo; entonces sopló en su nariz aliento de vida y el hombre se convirtió en un ser viviente.* (Génesis 2:7)

En estas declaraciones recae lo esencial del propósito de la creación de los seres humanos y la clave para tu liderazgo natural. Para entenderte a ti mismo, debes entender tres verdades establecidas en estas palabras.

1. Dios nos creó *a su imagen y semejanza*. Estas palabras connotan su autoridad, su carácter, y su naturaleza moral y espiritual. El poder y la gobernabilidad son partes de la naturaleza de Dios, por consiguiente, debido a que el hombre fue hecho a la imagen de Dios, en la naturaleza del hombre está profundamente incrustado el espíritu de gobernabilidad y autoridad.
2. El Creador sopló su propia vida en los seres humanos impartiéndoles su propia naturaleza.
3. Dios estableció el rol y función del hombre en relación con la tierra al declarar: *[Que] ejerza dominio sobre toda la tierra* (LBLA).

La declaración anterior confirma el establecimiento de los siguientes principios:

- Dios creó al hombre para gobernar sobre la tierra.
- Hombre y mujer fueron creados para dominar y no para ser dominados.
- Los seres humanos están hechos para gobernar de acuerdo con la naturaleza de Dios y el Espíritu.

- Dios nunca le dio a la gente la autoridad para dominar uno al otro (el hombre no está para dominar a la mujer o viceversa).
- Dios especificó que los humanos debían tener dominio sobre la tierra y la creación.

Estos principios son fundamentales para nuestra naturaleza. Si fuimos creados para el propósito de gobernar o ejercer dominio, entonces fuimos diseñados para cumplir este propósito y no estaremos satisfechos personalmente hasta que lo hagamos.

La idea del dominio tiene diferentes tonalidades de significado, que incluyen gobernar, manejar, controlar, someter, influenciar, liderar, mantener bajo control, mandar, ordenar y tener autoridad. La gobernabilidad de la humanidad sobre la tierra también incluye los conceptos de cultivarla y protegerla como sus mayordomos (o administradores). Estas palabras reflejan el concepto de liderazgo, el cual puede ser cumplido en una variedad de contextos y describen el propósito de Dios para tu vida. Él nos creó a todos para liderar. Por consiguiente, existe un líder en cada uno esperando ser liberado.

RESPONSABILIDAD DIRECTA DEL LIDERAZGO

No fuiste creado para ser dominado. Esta es la razón por la que tienes un deseo inevitable para deshacerte de esta restricción no natural, donde quiera que estés subyugado por otro ser humano, ya sea por un sistema de gobierno o por labor forzada. En el propósito original de Dios, Él nunca tuvo la intención de que haya algunas personas que sean siempre líderes y otras que sean siempre seguidores o "subordinados", así como los conocemos hoy. Todos fuimos diseñados para ejercer su autoridad y dominio como una entidad corporativa sobre la tierra, mostrando su poder, sabiduría e influencia.

Este principio es visto en la asignación de Dios para el primer hombre en el jardín del Edén. La primera instrucción de Dios para el hombre fue *"cultivar"* o *"cuidar"* (véase Génesis 2:15). Esta asignación no estaba acompañada por ningún supervisor o gerente para supervisar las responsabilidades del hombre. Él era responsable solamente ante Dios.

Sin embargo, aunque fueron planeados para vivir directamente bajo Dios como su propio pueblo, y aun después de que les fue dada la libertad de la esclavitud, los israelitas parecieron sentir la necesidad de la dominación humana sobre ellos para poder funcionar. Finalmente pedían a gritos un rey humano, y la respuesta de Dios a su solicitud fue una sorpresa. Intentó desanimarlos de la idea de tener un gobernante humano y declaró su deseo de ser la autoridad directa en sus vidas. Trágicamente, ellos no escucharon.

Dios les concedió su solicitud; pero les advirtió fuertemente sobre las consecuencias peligrosas de tener a otro hombre dominando sus capacidades de liderazgo. Es importante notar que esto no implica (y no debe ser tomado en consideración) que Dios diseñó a los seres humanos para tener una sociedad caótica sin responsabilidad entre sí o sin sujeción a la autoridad. Por el contrario, Dios es un Dios de excelencia, y Él creó todo para funcionar en decencia y orden (véase 1 Corintios 14:40).

CADA PERSONA ES CREADA PARA CUMPLIR UNA FUNCIÓN ÚNICA

Cada persona está hecha para cumplir su parte única dentro de una totalidad, y cada uno es responsable por el liderazgo de su esfera de asignación. Es decir, ¡cada uno de nosotros fuimos creados para ser un líder guiado por el Espíritu de Dios! Nadie está para regir sobre otros e impedirles la maximización de su potencial.

Sin embargo, el hombre se rebeló contra su Dios. El resultado fue que el Espíritu de Dios que había estado alimentando al hombre, no pudo permanecer con él. Al rechazar a Dios, el hombre se quedó a merced de su ambiente externo. Y través de los siglos, aunque el Creador todavía trabajó en las vidas de aquellos que lo buscaron y respondieron, esta falta de protección eventualmente conllevó al establecimiento de gobiernos externos para refrenar a la humanidad del abuso descontrolado de poder y autoridad. Consecuentemente, fue establecida una relación no natural de líder y seguidor, gobernante y gobernado, amo y súbdito.

NADIE ESTÁ PARA REGIR SOBRE OTROS E IMPEDIRLES LA MAXIMIZACIÓN DE SU POTENCIAL.

La evidencia de esta interrupción del propósito de Dios lo vemos en los pronunciamientos que Él hizo al primer hombre y mujer después que desobedecieron su palabra:

> *A la mujer dijo: "...Desearás a tu marido,* ***y él te dominará****". Al hombre dijo: "...* ***¡maldito será el suelo por tu culpa!*** *Con sufrimiento comerás de él todos los días de tu vida. La tierra te producirá cardos y espinas, y comerás hierbas silvestres. Te ganarás el pan con el sudor de tu frente...".*
>
> (Génesis 3:16-19, énfasis agregado)

Aquí vemos lo contrario al dominio y autoridad. En vez de que ambos dominen juntos la tierra, así como Dios originalmente lo ordenó, fue introducido el sometimiento del hombre sobre el hombre. También, en vez de que el hombre domine la tierra, como había sido establecido en el principio, la tierra estaba ahora determinada para dominar al hombre. Esta relación no es natural; va contra nuestra naturaleza original, la cual era de gobernar en vez de ser gobernado.

VUELVE A TU PROPÓSITO

Para convertirte en un líder, por consiguiente, debes volver a tu propósito original. Trabajo con gente por todo el mundo en el desarrollo de liderazgo. Sin embargo, he encontrado que en una variedad de países y culturas la gente comparte los mismos obstáculos para un liderazgo eficaz: no saben quiénes son realmente o cuál es su total potencial.

Existen dos maneras de descubrir el propósito del liderazgo que el Creador ha puesto dentro de ti: (1) aprenderlo y (2) experimentarlo. Este libro te dará las oportunidades tanto para aprender sobre el liderazgo como para experimentarlo en tu propia vida.

Al comprometerte con el proceso de convertirte en un líder, serás capaz de:

- descubrir tu verdadero ser y traerle significado y satisfacción a tu vida;
- desarrollar los dones y talentos que te fueron dados para compartirlos con el mundo; y
- dejar un legado que será una influencia positiva, aun después de que te hayas ido.

Existe un líder en cada uno esperando a ser liberado. ¿Descubrirás el líder dentro de ti?

dos

DEFINIENDO A LOS LÍDERES Y AL LIDERAZGO

Aunque seamos llamados para ser líderes, no podemos *convertirnos* en uno a menos que sepamos lo que es un líder y entendamos la naturaleza del verdadero liderazgo.

Por un lado, es virtualmente imposible definir completamente el concepto de liderazgo por su complejidad. El liderazgo consiste en una gama de diversas cualidades, calificaciones, componentes, destrezas, capacidades y aun de elementos no cuantificables. Por esta razón, el liderazgo siempre se mantendrá un tanto en misterio. Por otro lado, por más de dos mil años, el estudio del liderazgo (lo que es el liderazgo y lo que hace a una persona un líder) ha producido una masa de conocimiento, información y referencias. Estas conclusiones valen nuestra consideración porque proveen una estructura por medio de la cual podemos identificar las cualidades y principios que le dan al liderazgo una medida de definición.

LIDERAZGO VERSUS EL LÍDER

Primero, existe una diferencia entre "liderazgo" y "el líder", aunque, obviamente, los dos están interrelacionados.

Líder puede ser definido de dos maneras: es una *posición* designada, y asimismo es el *individuo* que asume esa posición, aceptando el compromiso y la responsabilidad que conlleva.

Liderazgo es la función de la posición designada y el ejercicio de las responsabilidades involucradas en esa posición.

Existen muchas instancias en las cuales los individuos que están designados como líderes y colocados en las posiciones de liderazgo fallan en funcionar de la manera que indica el liderazgo eficaz. ¿Has experimentado tratar de trabajar con o para alguien que no dirige? Un título y una posición no garantizan la ejecución y productividad. Siendo meramente un líder, eso no garantiza el liderazgo. Los puntos siguientes ilustran la diferencia entre el liderazgo y el líder:

- Al ejecutar las responsabilidades del liderazgo, el líder ejemplifica (a través de sus palabras, acciones y en su vida entera) las cualidades y destrezas que resultan en una progresión positiva hacia el cumplimiento de la visión.
- El líder siempre sirve (ejerce el liderazgo) para beneficiar a aquellos que dirige. Nunca pude demandar el "derecho" de liderar, sino que es dada la oportunidad por otros para servirles en esa capacidad. El privilegio de liderar es ganado por medio del cultivo de la confianza.

- El líder (el individuo asumiendo la función de liderazgo) es temporal, pero la función del liderazgo es permanente. El líder cambia, pero el liderazgo es constante.

Los principios anteriores ilustran el hecho de que, aun cuando puedes tener una posición de liderazgo, el ejercicio de este no es automático. Son esenciales ciertas cualidades, competencias y habilidades. Sin embargo, estos principios también apuntan al hecho de que puedes *convertirte* en un líder por medio del entendimiento y desarrollo de estas cualidades, competencias y habilidades.

LIDERAZGO VERSUS ADMINISTRACIÓN

Segundo, un líder no es lo mismo que un gerente. Hoy los líderes parecen ser especies en extinción; en muchos casos han sido reemplazados con gerentes. Por tanto, en cualquier discusión sobre la naturaleza de un líder y cualquier intento en definirlo, es esencial que distingamos claramente la diferencia entre un "gerente" y un "líder". Han ocurrido muchas situaciones en las que los gerentes han sido colocados en posiciones de liderazgo, pero fueron incapaces de funcionar en ese liderazgo. Esta práctica ha frustrado los propósitos y objetivos de sus organizaciones.

La diferencia entre gerentes y líderes puede ser expresada en el dicho: "Existen cuatro tipos de personas en el mundo: aquellos que miran las cosas pasar, aquellos que permiten que las cosas pasen, aquellos que preguntan el por qué pasó, y aquellos que hacen que las cosas pasen". Los líderes son aquellos que hacen que las cosas pasen. Los gerentes están en los otros grupos. La mayoría de los líderes fueron gerentes en sus maneras de liderazgo.

Esto es, con frecuencia, el camino natural de la progresión. Sin embargo, no todos los gerentes se convierten en líderes.

Jesucristo, el más grande líder, habló de esta diferencia en la responsabilidad en una provocadora parábola. Contó la historia de un gerente que falló en cumplir con su responsabilidad y que era incapaz de ser responsable de su tiempo y medios. Entonces, Él estipuló un principio que resalta una de las mayores condiciones que alguien debe tener para ser capaz de la transición de gerente a líder: *El que es fiel en lo muy poco, es fiel también en lo mucho; y el que es injusto en lo muy poco, también es injusto en lo mucho… Y si no habéis sido fieles en el uso de lo ajeno, ¿quién os dará lo que es vuestro?* (Lucas 16:10, 12, LBLA). Un gerente es responsable de la visión y recursos de alguien más. Un líder tiene su propia visión (aun cuando sea realizada en conjunto con la visión de alguien más) y utiliza sus recursos con integridad para cumplirla.

Warren Bennis, consultor de negocios, profesor y autor, que es también presidente y fundador del Instituto de Liderazgo de la Universidad del Sur de California, registró algunas de las diferencias que ha identificado entre los gerentes y los líderes:

El gerente administra; el líder innova.

El gerente es una copia; el líder es original.

El gerente mantiene; el líder desarrolla.

El gerente confía en el control; el líder inspira a la confianza.

El gerente tiene visión de corto alcance; el líder tiene perspectiva de largo alcance.

> El gerente pregunta cómo y cuándo; el líder pregunta qué y por qué.
>
> El gerente imita; el líder origina.
>
> El gerente acepta el *statu quo*; el líder lo desafía.
>
> El gerente hace las cosas correctas; el líder hace lo correcto.[2]

UNA DEFINICIÓN FUNCIONAL DEL LIDERAZGO

Mientras el liderazgo incluye muchos elementos, establezcamos una definición funcional para ayudarnos a entender el liderazgo y cómo funciona.

Después de más de treinta y cinco años de investigar y estudiar el liderazgo, así como entrenar a miles de individuos que han aspirado al liderazgo, he refinado una definición que creo incorpora una apreciación detallada de la mayoría de los componentes del liderazgo eficaz:

> El liderazgo es la capacidad de *influenciar* a otros por medio de la *inspiración,* generada por una *pasión,* nacida de una *convicción,* y producida por un *propósito.*

El liderazgo es la habilidad de dirigir a otros por medio de la influencia. Puede que tome la forma de la influencia de un amigo al otro, un esposo al otro, un padre a un hijo, un maestro a los estudiantes, un pastor a una congregación, un supervisor a los empleados, un líder comunal en los voluntarios, etc.

El liderazgo también puede ser visto simplemente como respuesta a la responsabilidad. Si alguna vez se te ha dado cualquier medida de responsabilidad, ya sea para llevarle un recado a tus padres, restaurar el orden en la cocina después de una comida familiar, arreglar tu habitación, hacer una presentación ante la clase, limpiar los baños en una iglesia, organizar un evento o planear un proyecto, en cada caso estuviste ejercitando en alguna medida las habilidades de liderazgo.

Puede que no hayas considerado que alguna de estas actividades esté relacionada al liderazgo, que con frecuencia es percibido como un tema técnico reservado para aquellos que son líderes de países, corporaciones u organizaciones. Sin embargo, es quizá tu simple concepto del liderazgo que te impide en convertirte en el líder al que naciste para ser. Además, si bien tus habilidades son valiosas, aprenderás por medio de este libro que el liderazgo no depende de lo que haces. El liderazgo es fundamentalmente un asunto de convertirte en lo que eres.

EL LIDERAZGO TAMBIÉN PUEDE SER VISTO SIMPLEMENTE COMO RESPUESTA A LA RESPONSABILIDAD.

EL LIDERAZGO ES UN PROCESO

Observa que mi definición funcional presenta al liderazgo como un producto de un proceso y no como un objetivo específico para ejercer. Esta es una distinción importante. De hecho, la definición anterior puede ser totalmente entendida solo si es invertida. Es decir, para que alguien se *convierta* en un líder, el proceso debe empezar con el descubrimiento de un sentido personal del propósito. Ese es el centro del liderazgo.

Este propósito te guiará a una convicción profunda sobre la obligación que tenemos para la humanidad y la vida. Esa convicción surgirá como una consideración conceptual de un futuro óptimo, llamado visión. Esta visión, cuando es totalmente madurada, explota en una pasión que crea una energía interna en el individuo e inspira a todos los que están en su presencia. El más importante componente del liderazgo es la influencia. Lo que acabo de describir, entonces, es la secuencia del desarrollo del liderazgo y la influencia:

Propósito

Convicción

Visión

Pasión

Inspiración

Influencia

INFLUENCIA POR MEDIO DE LA INSPIRACIÓN

El liderazgo es medido por el grado en que influenciamos a otros. El liderazgo es lo que la gente te da luego que los hayas influenciado en su pasión hasta el punto donde los hayas inspirado. John Quincy Adams, el sexto presidente de los Estados Unidos de América, dijo: "Si sus acciones inspiran a otros para que sueñen más, aprendan más, hagan más y sean más, usted es un líder".[3]

En su libro *Liderazgo Espiritual,* J. Oswald Sanders citó al mariscal británico Bernard Montgomery, quien dijo: "El liderazgo es la capacidad y la voluntad para concentrar a hombres y mujeres para un propósito en común, es también el carácter que inspira confianza".[4] El liderazgo es la habilidad de influenciar las prioridades de muchas personas hacia una causa en común que es más noble que las búsquedas privadas de los individuos involucrados. Es la coordinación de diversos dones y talentos de individuos para una meta corporativa.

El liderazgo es también la organización y coordinación de recursos, energía y relaciones en un contexto productivo para alcanzar un resultado intencionado. Además, el liderazgo deriva su poder de los valores, las convicciones profundas y los principios firmes. Tener una visión y valores lleva a la inspiración y motivación de otros para trabajar juntos con un propósito en común. La función del liderazgo inspira a la gente a maximizar su propio potencial y el de los recursos que administran.

Un concepto general del liderazgo, por consiguiente, incluye la capacidad de *influenciar, inspirar, reunir, dirigir, animar, motivar, inducir, mover, movilizar* y *activar* a otros para buscar un propósito, interés o meta en común mientras se mantiene el *compromiso, el ímpetu, la confianza* y *el valor.*

LA INSPIRACIÓN SIGUE AL PROPÓSITO Y A LA VISIÓN

La forma más pura del liderazgo es influenciar por medio de la inspiración. El mayor y más importante aspecto del liderazgo es la inspiración. La inspiración es lo opuesto a la intimidación y no tiene nada que ver con la manipulación. Existen muchas situaciones llamadas "liderazgo" en donde el motivador es el miedo en vez de un compromiso basado en la respuesta a una vida inspirada.

Observa que la inspiración puede venir solo después que se haya descubierto el propósito y la visión. Por esta simple naturaleza, el liderazgo incorpora un propósito y visión individual que provee el combustible para la inspiración, motivación y movilización. El propósito y la visión son las fuentes de donde el liderazgo deriva su campo magnético para activar el compromiso, la cooperación y la confianza de los demás.

Si deseas ser un líder eficaz, tu principal pregunta debe ser: "¿Tengo un propósito y una visión que justifique mis esfuerzos?".

Laurence J. Peter, el bien conocido educador y escritor, dijo: "Si usted no sabe hacia dónde va, seguramente terminará en algún otro lado".[5] El rey Salomón, uno de los hombres más sabios que haya existido, declaró: *Donde no hay visión, el pueblo se extravía* (Proverbios 29:18).

El liderazgo es descubrir un sentido de importancia y hacer un compromiso para tomar esa importancia como una obligación. Esta es la razón por la que los verdaderos líderes están dispuestos a morir por su propósito en sus vidas. Martin Luther King Jr. dijo: "Expongo ante ustedes, que si un hombre no ha descubierto algo por qué morir, este no está listo para vivir".[6] Los líderes no solo tienen algo por qué vivir, también han encontrado algo por qué morir. No puedes convertirte en un verdadero líder hasta que estés dispuesto a morir por lo que estás viviendo. El liderazgo es saber que fuiste creado, diseñado, equipado y destinado a hacer la diferencia en nuestro ambiente por medio de la dedicación personal para mejorar las condiciones y cualidades de la vida de todos los que están dentro de ese ambiente.

tres

LA HECHURA DE UN LÍDER

Creo que a todos nos gustaría ser líderes. Algunas personas tienen un gran anhelo de estar en un liderazgo, mientras otras solo tienen un deseo sonriente. Sin importar nuestras ocupaciones o el grado de nuestro deseo por el liderazgo, el anhelo de sentir que somos amos de nuestras situaciones y estamos en control de nuestros ambientes, reside en cada uno de nosotros. *Existe un líder escondido en todos nosotros, el cual está gritando por ser liberado.*

Nuestro deseo por el liderazgo es bueno. Sin embargo, algunos no entendemos lo que está involucrado en el desarrollo del liderazgo, otros no saben cómo tomar ventaja de las oportunidades para volverse líderes, y otros aún ni se dan cuenta de su potencial como líderes.

¿CUÁL ES TU ÁMBITO DE INFLUENCIA?

Aprenderemos muchas cosas acerca del criterio necesario para aquellos que aspiran al liderazgo y están moviéndose hacia él. Pero ten presente esta verdad: quien quiera que seas y donde quiera que estés, tú puedes ser un líder. Quiero volver a enfatizar que un líder es simplemente una persona que tiene un ámbito de influencia. Hombres y mujeres pueden ser líderes en sus hogares. La gente joven pueden ser líderes entre sus grupos de amigos. La gente de negocios, abogados, doctores, electricistas, oficinistas y maestros, pueden ser líderes en sus lugares de trabajo. El custodio de una compañía es un líder tan necesario como lo es el director general. Si él no hace su trabajo bien, tendremos un ambiente incomodo que afectará a toda la organización. Si te fue dada cualquier responsabilidad, no importa cuán pequeña sea, entonces estás en la posición de un líder, y hay ciertas calificaciones que debes reunir para liderar efectivamente. Sin embargo, la extensión de tu ámbito de influencia y las demandas que esto hace en tu potencial determina la magnitud de tu liderazgo.

DIEZ REQUISITOS PARA EL DESARROLLO DE UN LÍDER

Aparte de descubrir tu verdadero ser y captar tu visión, los aspectos detallados en esta lista no necesariamente están listados en orden secuencial. Algunos de ellos pueden ser desarrollados simultáneamente. Pero cada uno es indispensable en el proceso. Miraremos de manera general estos requisitos y luego los revisaremos más detenidamente en cada área en los capítulos subsecuentes.

1. DESCÚBRETE A TI MISMO

Todos los líderes descubren un propósito para su vida que produce conciencia de su verdadera identidad. Esta identidad provee la base para un concepto positivo de sí mismo de donde surge un espíritu de seguridad. Este espíritu de seguridad está energizado por una creencia en tu potencial y capacidad para cumplir tus propósitos descubiertos. Seguridad, combinada con una convicción de tu habilidad para alcanzar sus propósitos, establece un sentido de destino. La integración de todos estos elementos cultiva los dones y talentos dormidos depositados por el Creador. Cuando todas estas partes se juntan en una sola, surge el liderazgo. Este es el liderazgo sin limitaciones, en el sentido en que los líderes creen que pueden hacer cualquier cosa que sea necesaria para cumplir con sus propósitos. Una vez que ocurre el proceso, un líder se vuelve imparable.

2. ALCANZA TU VISIÓN

El liderazgo es concebido cuando incorporas un propósito a la fotografía mental del futuro, y esta se vuelve más vívida e importante que la experiencia del presente. Esta foto mental es llamada *visión*. Cuando un individuo capta su visión, su función del liderazgo empieza a moverse. El liderazgo es imposible sin una visión, pues el liderazgo existe para cumplir una visión. La visión valida al liderazgo y explica su existencia.

Hemos visto que sin visión la gente perece y no tiene significado para sus vidas o esperanza para realizar sus propósitos. Incluso cuando la visión se pierde, un líder "muere". El liderazgo, por consiguiente, depende de capturar, refinar, planificar, simplificar, documentar, comunicar, vivir y mantener una noble visión.

3. COMPARTE TU INSPIRACIÓN

Un significado de *inspirar* es "inflar". Este concepto es derivado de la idea que los griegos captaron en la expresión "aliento de dios". Esto también es evidente a través del texto bíblico. Moisés, el gran libertador hebreo, vivió en un remoto desierto como pastor de ovejas, fue divinamente inspirado para abrazar una visión de la tierra llena de libertad y prosperidad. ¡Fue inspirado por el desierto! Fue levantado más alto que su entorno.

Para convertirte en un líder, debes estar inspirado para que puedas inspirar a otros. Este es el poder de la inspiración que se vuelve contagiosa y mueve a los demás para reordenar sus prioridades; este poder motiva al espíritu humano para someter la visión personal a un sueño colectivo. El componente más grande del liderazgo es la inspiración, porque si un líder no puede inspirar a la gente puede estar tentado a manipularlos; y los verdaderos líderes nunca manipulan, ellos inspiran.

PARA CONVERTIRTE EN UN LÍDER, DEBES ESTAR INSPIRADO PARA QUE PUEDAS INSPIRAR A OTROS.

---

4. COMPROMÉTETE CON TUS PRINCIPIOS Y VALORES

Un líder se compromete con las verdades espirituales y morales que forman su carácter y le capacitan para realizar su visión. El verdadero liderazgo, por consiguiente, siempre incluye un código personal de éticas, normas morales y valores que resguardan el carácter necesario para que el líder busque y cumpla su propósito y visión. Por ejemplo, la visión no puede ser realizada sin el autosacrificio. El liderazgo necesita una dedicación a los principios más que el beneficio y la popularidad; coloca las convicciones sobre la conveniencia; está más preocupado sobre la excelencia que sobre el pragmatismo.

El liderazgo es, en última instancia, medido por lo que este vale. El verdadero liderazgo valora la vida, la dignidad, la equidad, los derechos y la seguridad humana. Para convertirte en un líder, debes comprometerte a los principios y valores para el desarrollo de tu carácter y el cumplimiento de tu visión.

5. EXPRESA TU PASIÓN

El liderazgo es imposible sin pasión. La pasión es el resultado de la inspiración y de esa manera provee un catalizador para el liderazgo. La definición de *catalizador* es "un agente que provoca o acelera el cambio o acción significativo".[7] La pasión es un deseo que es más fuerte que la muerte y más grande que la oposición.

La pasión es la raíz de la automotivación y la energía que aviva la persistencia, la consistencia y capacidad de recuperación. La pasión es la fuente secreta del conductor del líder. Es la fuerza que dirige la administración del tiempo, de la energía, de los recursos y las prioridades del líder. La pasión es también el chaleco protector del líder para los momentos de fracaso. Cuando los verdaderos líderes fallan siempre retoman, porque su pasión los guía de regreso. Es la pasión lo que hace el liderazgo eficaz.

6. FACULTA A OTROS

El liderazgo nunca existe por sí solo. Existe para guiar a otros hacia un futuro mejor, capacitarlos para desarrollarse en grandes maneras, ayudarles a mejorarse a sí mismos, e inspirarlos a creer que todo es posible; por lo tanto, es un compromiso con las personas. Reconoce el valor de la gente, y este reconocimiento cultiva la actitud del líder hacia ellos. Los verdaderos líderes actúan con integridad hacia los demás, modelando lo que esperan de ellos y demostrando lo que ellos demandan. En esencia, los líderes guían por medio del carácter.

El liderazgo considera los logros como un asunto en conjunto, pero también aprecia el valor del individuo. Nunca se toma el crédito; siempre lo distribuye. Sabe lo que la gente necesita (empatía, respeto, reconocimiento, confianza y fe), y edifica a las personas para construir una visión que construye futuro. Para convertirte en un líder, debes estar comprometido a facultar a otros.

7. DISCIPLÍNATE PARA ALCANZAR TU PROPÓSITO

El verdadero liderazgo posee una profunda dedicación a la disciplina personal. Esta incorpora normas para el logro de metas y aspiraciones nobles que son más importantes que el placer personal. El liderazgo se enfoca en el autosacrificio en vez de la comodidad y satisfacción personal. Aplaza la gratificación actual por las metas futuras. El liderazgo rechaza la mediocridad para la búsqueda de la excelencia. Impone restricciones en sí misma para lograr una alternativa mayor.

Durante la Segunda Guerra Mundial, Corrie ten Boom, después de llegar a los cincuenta años, decidió arriesgar su vida para proteger a los judíos perseguidos en su Holanda natal. Pudo tener una vida tranquila, pero la autodisciplina, basada en su integridad, la llevó a arriesgarse y a no comprometer el valor de la vida de otros.

Para convertirte en un líder, debes aprender a disciplinar tu vida de acuerdo con las metas y objetivos de su propósito.

8. COORDINA TUS RECURSOS

En sus obligaciones administrativas y coordinadas, un líder siempre debe monitorear muy de cerca el "gran tres": personal, finanzas y planificación.

El verdadero liderazgo construye equipos directivos eficaces y organiza los dones y talentos de la gente para maximizar sus contribuciones. Los líderes conocen las fortalezas y debilidades de los demás.

Los líderes eficaces son también buenos administradores de los recursos físicos y financieros por los que son responsables. Saben cómo usarlos para el mejor interés de la visión y pueden hacerlos productivos.

Sobre las dos áreas anteriores está la necesidad de planificar los recursos, tanto a corto como a largo plazo. ¿Qué será necesario para promover la visión el próximo año y los venideros?

LOS LÍDERES CONOCEN LAS FORTALEZAS Y DEBILIDADES DE LOS DEMÁS.

---

9. ESTABLECE TUS PRIORIDADES

El propósito y la visión dictan las prioridades y determinan el plan para satisfacer el propósito. Es imperativo para el liderazgo no solo identificar y establecer la visión, sino diseñar y diseminar el plan requerido para llevar a la organización hacia ese destino.

Planificar es el establecimiento secuencial de las prioridades. Para proteger las prioridades, el liderazgo debe siempre distinguir entre lo que pareciera ser un llamado urgente de atención y lo que es realmente importante para el propósito. El liderazgo nunca debe quedarse atascado en los detalles, siempre debe permitir que las prioridades de la visión determinen la agenda.

Para convertirte en un líder, debes desarrollar un plan para la satisfacción de la visión, al determinar prioridades y usarlas para guiar a los demás hacia su búsqueda.

10. SÉ EL MENTOR DE TUS SUCESORES

El liderazgo está comprometido con la prioridad de preparar a aquellos que llenarán la posición del líder en el futuro y contiúen con el trabajo del liderazgo. Los verdaderos líderes instruyen a los futuros líderes al compartir con ellos sus conocimientos, experiencias, habilidades, destrezas y recursos.

El liderazgo nunca es dado solo a una generación. Es transgeneracional. El liderazgo que solo sirve a su presente generación está destinado al fracaso. Los líderes saben que si la visión mueren con ellos, han fracasado. La meta máxima no es tener seguidores, sino producir líderes. Por lo tanto, los verdaderos líderes se hacen a sí mismos cada vez más innecesarios. Los líderes seguros y maduros no están atemorizados por el desarrollo del éxito de aquellos a quienes están liderando. Se regocijan cuando sus seguidores se convierten en líderes y se vuelven mejores y más eficaces que ellos.

EXPRÉSATE

Hablando del proceso del desarrollo del liderazgo, Warren Bennis declaró: "Convertirse en un líder es sinónimo de convertirse en sí mismo. Es así de simple y así de difícil… los líderes son personas que son capaces de expresarse a sí mismos totalmente".[8] También dijo: "Somos nuestra propia materia prima".[9] Todos tenemos capacidad, potencial y "materia prima" para convertirnos en un líder por el diseño del Creador. Sin embargo, es una tragedia que la mayoría de las personas en este planeta entierren el líder atrapado dentro de ellos en la tumba de un seguidor. Dios te creó con la capacidad de liderar. Aunque hayas *nacido para liderar,* debes *convertirte* en un líder, tal y como uno puede haber nacido masculino, pero debe convertirse en hombre.

Los líderes "se expresan totalmente". Como Bennis escribió: "Ningún líder comienza siendo líder… El punto es convertirse en usted mismo, entregarse a sí mismo completamente (con todas sus habilidades, dones y energías) para poder hacer manifiesta su visión".[10] Es en este criterio que cada uno puede convertirse en un líder, y esto es importante para que te esfuerces en conocer quién eres y descubrir el propósito de Dios para tu vida.

En el capítulo que sigue, veremos qué es un líder, cómo puedes continuar tu viaje para convertirte en un líder eficaz y cómo refinar y mejor tu capacidad de liderazgo.

PARTE 2

DIEZ PARTES ESENCIALES PARA EL DESARROLLO DEL LIDERAZGO

cuatro

DESCÚBRETE A TI MISMO

Convertirse en un líder involucra entender quién fue el Creador que te hizo y las cualidades y habilidades que Él puso dentro de ti. Tú tienes un gran potencial para el liderazgo, pero quizá nadie te ha animado para descubrirlo y expresarlo.

A muchas personas se les ha dicho que son nada, y eventualmente terminan creyéndolo, solo para desperdiciar su potencial. Los líderes toman de sí lo que el Creador les ha dado y drenan los enormes recursos que están escondidos dentro de ellos. El liderazgo es descubrir y unir el propósito, la personalidad y el potencial.

SIGNIFICADO Y PROPÓSITO DE TU VIDA

El primer paso para convertirse en un líder es descubrirte a ti mismo. Esto empieza con identificar el sentido de significado y propósito. La falta de propósito y el potencial insatisfecho están trágicamente muy difundidos en nuestro mundo. Debes tener una comprensión del propósito que le da conciencia a tu identidad como una persona y el conocimiento para lo que fuiste creado a hacer en la vida. *¿Quién soy? ¿Por qué estoy aquí?* Estas son dos preguntas esenciales que cada persona necesita responderse.

En el capítulo uno describí cómo los seres humanos fueron hechos a la imagen del Creador, miremos el significado de esto y cómo incide en nuestro diseño como líderes

A LA IMAGEN DEL CREADOR

Tu propósito está reflejado en el propósito del Creador, porque cada ser humano fue creado a su imagen y semejanza. Fuimos hechos para ser como Él y actuar y funcionar como Él lo hace. La naturaleza de Dios incluye sus características. Él es amor. Él es justo. Él es santo. Él es amble. Él es paciente. Él también es decidido: *Pero los planes del Señor quedan firmes para siempre; los designios de su corazón son eternos* (Salmos 33:11). Sus propósitos están reflejados en algunos de sus títulos, como Rey del universo y Padre de su pueblo.

Para capturar tu significado y tu propósito en la vida debes entender la naturaleza y los propósitos de Dios y luego aplicarlos al liderar. Nuestro propósito no es acerca de nosotros, es acerca de nuestro Creador. Nuestro propósito fue establecido mucho antes que nosotros tuviéramos planes para nuestras vidas. Fuimos planeados para consultar a Dios, para encontrar Sus propósitos con nosotros y hacer los planes correctos.

NUESTRO PROPÓSITO FUE ESTABLECIDO MUCHO ANTES QUE NOSOTROS TUVIÉRAMOS PLANES PARA NUESTRAS VIDAS.

CREADO PARA RELACIONARSE Y GOBERNAR

Hemos visto que los seres humanos no fueron hechos para ser dominados, sino creados para ser responsables directamente ante el Creador. Esta responsabilidad refiere no solo a la autoridad del liderazgo, sino también, para una relación respetuosa y amorosa con Él. Dios le dio al hombre un cuerpo físico y un espíritu humano, y también sopló su propio Espíritu en el hombre, para que el hombre y Dios pudieran estar en relación.

Lo esencial de los seres humanos no está en su cuerpo físico, ni siquiera en su alma (que consta de mente, voluntad y emociones) sino en el espíritu dentro de ellos. *El espíritu humano es la lámpara del Señor, pues escudriña lo más íntimo del ser* (Proverbios 20:27). El espíritu humano, por medio del Espíritu de Dios, fue creado para mantenerse en relación directa con Dios.

El problema, como lo hemos visto, es que la humanidad perdió en su totalidad su relación directa con el Creador cuando el primer hombre y la primera mujer le dieron la espalda a Él, y trataron de ejercer sus propios propósitos. Esta es la razón por la que muchas personas hoy no entienden quiénes son y fallan para realizar su potencial. No reconocen su verdadero propósito porque todavía no han sido restaurados para una relación con el Creador.

Un ejemplo del autodescubrimiento en los registros bíblicos está en la vida del pionero y teólogo Pablo de Tarso. Pablo (entonces llamado Saulo) pensó que estaba cumpliendo su propósito en la vida, pero al perseguir y matar aquellos que habían estado reconciliados con el Creador, estaba lleno de rabia y enojo. Pero cuando el Creador intervino para detenerlo, la reconciliación de

Saulo con Él involucró la revelación de su único propósito en la vida.

Las cualidades naturales que poseía (pasión, energía y perseverancia) fueron puestas en el propósito positivo para lo cual fue llamado a ser por Dios. En un notable giro, Saulo, cuyo nombre fue cambiado al de Pablo para reflejar su propósito recién descubierto, se volvió en un instrumento de reconciliación en vez de un instrumento de destrucción. Su incondicional relación con el Creador y su gran intelecto le llevaron a ser el más grande teólogo que el mundo haya conocido jamás.

Debido a que Dios está comprometido con su propósito y nuestros propósitos, y porque Él desea restablecer nuestra relación con Él, proveyó la restauración por medio de su Hijo Jesucristo para recuperar su voluntad y propósito en nuestras vidas. Una de las claves para esta restauración es que cuando estamos reconciliados con Dios, recibimos su Espíritu Santo dentro de nosotros una vez más. Su Espíritu nos conecta a Él y nos capacita para entender mejor sus propósitos para nosotros.

NOS FUE DADA UNA IDENTIDAD ÚNICA PARA EXPRESARNOS

En conjunto con su naturaleza decidida, Dios creó todo para cumplir un único propósito en la vida. Al igual que todos los creadores y fabricantes, Él diseñó su "producto" con los componentes, habilidades y potencial inherentes para cumplir su propósito. Y ya que la humanidad fue creada para el propósito del liderazgo, cada uno de nosotros posee cualidades naturales que están diseñadas para realzar esta función.

En consecuencia, para capacitar a cada ser humano de manera que tenga dominio en su propio ámbito de influencia, el Creador nos ha dado un único componente e identidad. Cada uno de nosotros es distinto en cualidades físicas, temperamentos, perspectivas, gustos e intereses, así como en nuestros dones y habilidades.

El propósito de un individuo puede guiarlo al llamado para enseñar, mientras que el propósito de otro puede ser cumplido en tareas de ingeniería aeroespacial o labores artísticas. Las posibilidades son interminables. Además, los propósitos no siempre son producidos en las carreras u ocupaciones convencionales, sino en una variedad de esfuerzos, como también en los rasgos del carácter personal que impacta las vidas de los demás para bien, tales como la influencia de un padre hacia su hijo.

Dios te ha dado un propósito especial para cumplir. ¿Sabes cuál es? El mío es la transformación de seguidores en líderes, y líderes en agentes de cambio, como también en la maximización del potencial individual. Los esfuerzos en los que estoy involucrado (escribir libros, enseñar, instruir, entrenar, consultar, difundir) están todos relacionados, y son una expresión de ese propósito específico.

Los líderes se desafían a sí mismos. Si vas a convertirte en el líder que Dios ha planeado que seas, entonces puede ser necesario descartar las opiniones de los demás y desafiar la camisa de fuerza social que trata de reprimir el líder dentro inexplorado.

DESCUBRIENDO TU PROPÓSITO E IDENTIDAD DEL LIDERAZGO

El rey Salomón escribió: *Yo he visto el trabajo que Dios ha dado a los hijos de los hombres* (Eclesiastés 3:10, RV60). La palabra *trabajo* en hebreo puede actualmente ser traducida como "una pesada responsabilidad", "ocupación" o "tarea". También puede ser descrita como un "impulso responsable". Todo ser humano viene a la tierra con un propósito o responsabilidad que, en un sentido, pesa sobre sí por toda su vida, y tiene una necesidad o deseo continuo de cumplirlo.

El Creador ha puesto un "deseo responsable" en tu corazón. Salomón continuó: *Y ha puesto eternidad en el corazón de ellos* (v. 11). Dios ha puesto algo en tu corazón que puede traducir lo invisible en visto. ¡Imagínate, los propósitos eternos de Él se interceptan con el tiempo y el mundo físico en *tu* vida y el corazón! ¿Responderás a su llamado desde la eternidad?

Warren Bennis escribió:

> Los líderes son personas capaces de expresarse a sí mismos en su totalidad. Al decir esto, quiero decir que ellos saben quiénes son, cuáles son sus fortalezas y flaquezas, y cómo usar totalmente sus fortalezas para compensar sus flaquezas. También saben lo que quieren, por qué lo quieren, y cómo comunicar lo que quieren a los demás, para ganar así su cooperación y apoyo. Finalmente, saben cómo alcanzar sus metas.[11]

RESULTADOS DE HABER DESCUBIERTO EL PROPÓSITO

Descubrir la persona que fuiste creada para ser empieza una cadena de reacciones hacia el cumplimiento de tu rol como líder.

Cuando descubres el propósito de tu vida, te vuelves consciente de tu única identidad como ser humano creado a la imagen de Dios. Esta identidad provee la base para tu sentido de valor y mérito personal como individuo

Esto, a su vez, contribuye al propio concepto positivo que te da el espíritu de seguridad para moverte con tu propósito único, especialmente cuando miras tu potencial y empiezas a creer en tu capacidad para cumplir tu propósito. Cuando la confianza se vuelve en convicción en tu habilidad de alcanzar tu propósito, ganas un sentido de destino, y aun descubres algunos dones y talentos que han estado engañosamente dormidos dentro de ti, esperando que entiendas tu propósito y reconozcas estos dones.

TUS DONES Y HABILIDADES ÚNICOS

Es importante que te des cuenta de que Dios te creó con dones únicos e inherentes, con habilidades y talentos que incrementan tu efectividad en el liderazgo. Necesitamos mirar dentro de nosotros mismos para ver las indicaciones y los recursos que Él ha puesto para cumplir nuestros propósitos. Por ejemplo, ¿tienes pensamientos persistentes acerca de realizar algo en particular? ¿Cuál es tu sueño? ¿Qué te imaginas haciendo? ¿Qué necesidad te sientes obligado a suplir? ¿Estás haciendo lo que realmente quieres hacer con tu vida? Responder preguntas como estas es vital para el cumplimiento de tu propósito dado por Dios.

Necesitamos darnos cuenta de que Él nos da dones adicionales como la restauración de nuestros propósitos. Estos dones son espirituales o sobrenaturales. La palabra *sobrenatural* simplemente significa "fuera" o "sobre" lo natural; esto es espiritual en vez de físico. El mundo sobrenatural está sobre nuestro mundo natural.

EL PROPÓSITO GUÍA A LA VISIÓN

El propósito puede ser definido como el intento original o la razón para la creación o existencia de algo. Tu propósito es el intento original del Creador para tu vida. Un líder es alguien que tiene sentido del propósito personal, y eso le da una razón, un significado para vivir, un fuerte sentido de destino e importancia, y un profundo amor por la vida. Estas cualidades engendran persistencia y perseverancia, aun en el hecho aparente de atrasos o fracasos.

DESCUBRIRTE A TI MISMO ES LA CLAVE PARA CAPTURAR TU VISIÓN

Jesucristo tenía estas cualidades y le sirvieron como fuerzas direccionales en sus acciones. Su fuerte sentido de destino está reflejado en sus declaraciones. Jesús dijo: *Tú dices que yo soy rey. Yo para esto he nacido, y para esto he venido al mundo, para dar testimonio a la verdad* (Juan 18:37, RV60), y: *El Hijo del Hombre no vino para ser servido, sino para servir, y para dar su vida en rescate por muchos* (Mateo 20:28, RV60).

Winston Churchill se convirtió en el primer ministro de Inglaterra durante la Segunda Guerra Mundial, y dijo: "Sentí como si estuviera caminando con el destino y que toda mi vida pasada ha sido una preparación para esta hora y para esta prueba".[12] Descubrirte a ti mismo es la clave para capturar tu visión, la cual, como estaremos viendo en el siguiente capítulo, le da un enfoque específico en realizar tu propósito de liderazgo. ¿Has encontrado una profunda causa o razón para vivir? ¿Existe un sueño en tu corazón que le da vida a tu motivación? Cuando seas capaz de ver tu propósito, tu visión cobrará vida.

cinco

ALCANZA TU VISIÓN

La visión es una idea inspirada por Dios. Es aquello con lo Dios quiere que contribuyas al mundo. El ser humano puede no conocer todas las ramificaciones de su vida, pero tú deberías tener una buena idea del propósito y visión que el Creador te ha dado para cumplir.

Una visión es el panorama hacia donde quieres terminar. Es como el proyecto de un producto no terminado que estás a punto de producir. Los líderes mantienen sus manos en el proceso, pero sus ojos en el resultado final.

¿Cómo alguien progresa desde el descubrimiento hasta tener una visión? Miremos la diferencia entre el propósito y la visión:

- Tener un *sentido del propósito* significa conocer y entender aquello para lo cual una persona nació para cumplir.
- Tener una *visión* significa visualizar el trabajo interno de ese propósito en la mente por medio de la fe, y empezar a imaginarlo como realidad.

Un visionario puede ver lo que está al final del camino y lo que toma llegar hasta allí. Los visionarios no están satisfechos por lo que está sucediendo; están interesados en lo que va a suceder y cómo pueden hacer que suceda. Algunas personas "van con la corriente", pero los visionarios crean su propia corriente. La visión del líder es más real e importante para él que la experiencia del presente.

ESPERANDO POR LA IMPORTANCIA

Mientras que algunas personas parecieran asir y buscar una visión a temprana edad, muchas personas parecen haber sido enseñadas en una ruta donde crecen, van a la escuela, se casan, buscan una carrera, y esperan hasta que "su nombre sea llamado" antes de avanzar y realmente hacer algo con su vida. Estas personas se sientan durante años por ahí esperando a que su nombre sea llamado.

¿Estás esperando que alguien te "descubra", reconozca tus dones, te ofrezca una posición o te promueva? Si es así, estás perdiendo tu tiempo, y hay trabajo que hacer. ¡Tú tienes una visión que expresar! Algunas personas necesitarán de ayuda e inspiración directa. Otros necesitarán de tu asistencia y entusiasmo indirecto. El mundo necesita de tu invento, tu política social, tu obra de arte, tu descubrimiento arqueológico, tu avance médico, tu logro atlético, tu educación, o tu firme honestidad, perseverancia y fe. Poseemos muchas herramientas y recursos a nuestra disposición con los cuales cumplir nuestros propósitos, pero muchos de nosotros estamos solo sentados por ahí porque no tenemos visión.

Algunas personas están interesadas solo en vivir un estilo de vida cómodo o en promoverse exclusivamente ellos mismos. Otros piensan que la vida empieza en la jubilación, y gastan la mayoría de sus años sin hacer lo que realmente fueron llamados a hacer. Evita caer en cualquiera de estas categorías. Los líderes existen para cumplir una visión. No tardes en buscar la tuya.

DEBES CONCEPTUALIZAR SU VISIÓN

Tú debes tener una visión para el cumplimiento de tu liderazgo sobre la tierra. De nuevo, para descubrir tu propósito y visión necesitas hacerte preguntas como estas:

- ¿Qué es lo que siempre he deseado hacer?
- ¿Cuál es el deseo de mi corazón?
- ¿Qué pensamientos, ideas, planes y sueños se han mantenido consistentes dentro de mí?

Esta visión debe ser muy simple, porque necesitas algunas cosas específicas para trabajar hacia ella; caso contrario, arriesgarás el no realizar tu propósito. Observa que la visión no es lo mismo que la declaración de un propósito, ni es lo mismo una meta que un objetivo.

Una declaración de propósito te da una descripción general de tu llamado en la vida. Es algo filosófico y abstracto, mientras que la visión es concreta y práctica. Una declaración de propósito es abierta en el sentido de que puede tener muchos aspectos y aplicaciones. Por el contrario, una declaración de la visión es una descripción muy precisa que tiene un énfasis específico y limites definibles.

A continuación, tenemos ejemplos que ilustran la diferencia entre el propósito y la visión:

- *Declaración del Propósito*: Mi propósito es mejorar la calidad de la educación para los niños en los barrios céntricos.
- *Declaración de la Visión*: Mi visión es fundar y crear dos escuelas atractivas para los grados 9–12 en (detallar la ciudad, el estado).
- *Declaración del Propósito*: Mi propósito es mejorar la calidad de la educación para los niños en los barrios céntricos.
- *Declaración de la Visión*: Mi visión es obtener una maestría en educación y volverme un especialista de lectura. De esta manera ayudaré a los maestros a desarrollar programas específicos para estudiantes que capaciten a niños de la escuela primaria, para que estos superen incapacidades y otros obstáculos de lectura.
- *Declaración del Propósito*: Mi propósito es mejorar la calidad de la educación para los niños en los barrios céntricos.
- *Declaración de la Visión*: Mi visión es convertirme en nutriólogo y enseñarles a los padres cómo proveer mejor nutrición a sus hijos para que tengan más energía y alerta mental, y sean mejor capacitados en el aprendizaje en las aulas de clases.

Estas son solo tres maneras en las que dicha declaración de propósito puede ser específicamente aplicada mediante la visión individual de una persona. Las visiones son específicas y concretas.

LA VISIÓN DEBE ESTAR BASADA EN LA MOTIVACIÓN CORRECTA

He moderado muchos seminarios en el mundo para entrenar a aquellos quienes están en posiciones de liderazgo en las monarquías gubernamentales, negocios, religión y educación. Durante estos seminarios, con frecuencia me preguntan: "¿Cómo puedo saber si mi visión como líder está inspirada por Dios y merece el apoyo de muchas personas?".

Mi respuesta es el resultado de haberme hecho la pregunta a mí mismo hace muchos años atrás, cuando quería determinar si mi pasión, deseo y visión personal en la vida estaba divinamente inspirada. Después de mucha contemplación y meditación, he recibido la respuesta que me ha guiado por cerca de cuarenta años. La respuesta fue simple: ¿Tu visión mejora, realza y ayuda a la humanidad? ¿Tu pasión hace mejorar la vida humana en el planeta tierra y alivia a la humanidad de cosas que la destruye?

EL VERDADERO LIDERAZGO SIEMPRE RESULTARÁ EN EL AVANCE, PROGRESO, DESARROLLO, MEJORAMIENTO, PROTECCIÓN Y SEGURIDAD DE LA HUMANIDAD.

Esta respuesta provee el criterio para todos los sueños, pasiones, deseos y planes personales. Si tu propósito, visión y metas te benefician solo a ti, entonces no estás divinamente inspirado. El verdadero liderazgo siempre resultará en el avance, progreso, desarrollo, mejoramiento, protección y seguridad de la humanidad. El liderazgo inspirado por Dios nunca destruye, sino que es constructivo y progresivo. Cualquier deseo de liderar que no incluya la potenciación de los demás y el mejoramiento de sus vidas es una ambición egoísta, y este tipo de ambición no tiene lugar en el liderazgo.

LA VISIÓN DESAFÍA AL CONVENCIONALISMO

Los líderes deben estar dispuestos a desafiar las tradiciones y experimentar con nuevas ideas. Cuando te descubres, te vuelves libre de las opiniones controladoras de los demás. Los líderes tienen tal sentido fuerte del propósito y seguridad, que reciben lo desconocido.

Thomas Edison nunca se cansó de experimentar con nuevos inventos. ¡Acumuló un total de 1093 patentes! Él no permitió que las cosas convencionales gobernaran sus experimentos. "La historia es que cuando un nuevo empleado una vez preguntó sobre los reglamentos, Edison respondió, 'No hay reglamentos aquí. Estamos tratando de lograr algo'".[13]

A finales de los noventa y principios del siglo veinte, cuando existían pocos doctores afroamericanos en América, el Dr. Daniel Hale Williams se volvió en un cirujano exitoso y diestro, tratando a los pacientes blancos y negros por igual. Fue un visionario revolucionario que vio la necesidad de un mejor cuidado de salud y facilidades médicas para americanos negros, que con frecuencia recibían un tratamiento inferior. El Dr. Williams fue un instrumento en la fundación del Provident Hospital en Chicago, e inspiró el establecimiento de hospitales para negros en otras ciudades. Él está reconocido con la ejecución de la primera exitosa cirugía de corazón abierto, en 1893.[14] El Dr. Williams no esperó los cambios sociales, sino que usó su propia visión, destrezas e influencias para ser un catalizador para el cambio social al promover y proveer altas normas en el cuidado de la salud para afroamericanos.

Los visionarios deben actuar en fe por las visiones que Dios les ha puesto dentro de sí. Algunos dicen que la fe es un salto en la oscuridad. ¡No estoy de acuerdo! Cuando actuamos en visión, no saltamos de la oscuridad, hacemos grandes saltos dentro de la luz.

UNA VISIÓN NECESITA DE UN PLAN

Una vez que tengas la visión de Dios para tu vida, debes desarrollar un plan para cumplirla. Una visión se vuelve un plan cuando es pensado con claridad y puede ser tratado específicamente.

Demasiada gente está tratando de vivir sus vidas sin el cuidado del pensamiento o planificación. Fallan en satisfacer sus sueños, entonces terminan insatisfechos y frustrados. Y lo que es peor, puede que nunca se den cuenta que no han logrado nada en la vida para satisfacer sus propósitos planeados. Una vida gratificante y productiva viene de un plan específico para cumplir su visión personal.

Tu visión planea el perfil que quieres hacer con tu vida hoy, seis meses más adelante, un año desde ahora, en los próximos cinco años, veinte años desde ahora, veinticinco años desde ahora y cincuenta años más tarde.

La gente en países industrializados está viviendo más y más en promedio, y un plan de cincuenta años no es irrealista, especialmente si eres una persona joven. De hecho, si estás en tus veinte, puede que necesites un plan para setenta años. Puedes modificar y refinar tu plan a través de los años al continuar respondiendo a la guía de Dios. Pero si no tienes una visión a largo plazo para empezar, puede que pares prematuramente y nunca completes tu propósito.

Al escribir tu plan en papel o en computadora, puedes empezar por orar para obtener la ayuda específica de acuerdo con cada etapa de tu plan. Ten en mente que, aunque la visión necesita ser específica, no es necesariamente la última palabra. No es un plan completamente terminado. Tú ganarás un mayor conocimiento de tu propósito y visión al profundizar la relación con tu Creador y al crecer como persona. Es una buena práctica el revisar tu visión personal de manera regular y ajustarla como sea necesario.

Tu plan de visión incluirá metas y objetivos. Las metas son las variadas tareas y esfuerzos que necesitas cumplir para realizar tu visión. Los objetivos son las etapas detalladas de tus metas. Pregúntate: *¿Qué necesito hacer primero, segundo y tercero?* Y: *¿Cuándo hacer estas tareas necesarias para llevarlas a cabo?* Incluye un programa específico para cumplirlas.

LA VISIÓN REQUIERE DE UN COMPROMISO

Algunas personas tienen una visión sin la voluntad de hacerla realidad. Un líder eficaz no solo desarrolla una visión específica, sino que también hace un compromiso fuerte con esta. Comprometerte con tu visión te capacitará para permanecer en tu propósito en vez de estar distraído por cosas menores (aunque sean buenas) o innecesarias.

Conozco gente que tiene grandes ideas, pero no hacen nada para realizarlas. Hablan sobre sus ideas, pero después que terminan, regresan a casa y se sientan. La visión es la fuente de la automotivación y disciplina.

Cuando consideré por primera vez la idea de obtener mi grado de licenciatura, pensé que era algo lejano para mí. Me senté en mi casa a pensar: *Nadie en mi familia ha ingresado a la universidad. ¿Qué hago pensando en esto?* Sin embargo, el asistir a la universidad no sucedió de la noche a la mañana. Lo primero que debía hacer era obtener mi equivalencia de grado secundario. Ese era un objetivo importante para el cumplimiento de mi visión, y tenía que comprometerme con eso. Empecé a estudiar cuando todos los demás jugaban. Estaba resolviendo problemas de álgebra cuando todos los demás comían su almuerzo. Tomó trabajo.

LA VISIÓN ES LA FUENTE DE LA AUTOMOTIVACIÓN Y DISCIPLINA.

Después que obtuve mi equivalencia, pensé que había realizado algo grande, y dije: *Listo, ¿y ahora, Señor?* Y me dijo: *Debes hacer los exámenes de ingreso.* Y dije: *¡Oh no!* Entonces empecé a trabajar duro otra vez. Estudié, estudié y pasé. Entonces el Señor dijo: *Bien, querías una licenciatura, ahora debes ir a la universidad.* Pensé: *Oh, no, cuatro años de mi vida.* Al principio, cuatro años parecían toda una vida, pero se fueron muy rápido.

Cuando terminé, pensé: *Ya tengo mi licenciatura, ahora, voy por la maestría.* Trabajé en superarme. Sobrellevé los obstáculos. Miré hacia atrás y pensé: *Lo que era imposible se volvió posible,* y mi mente empezó a abrirse incluso a más posibilidades. Cuando has probado las posibilidades, es muy difícil dejarse apabullar por las imposibilidades.

LA VISIÓN NECESITA DEL IMPULSO

Muchas personas van por la vida sin idea de dónde terminarán. Si te sientas con una hoja de papel o ante la pantalla de una computadora y clarificas tu visión, determinas metas y objetivos para tu vida, encontrarás que realizarás más de lo que te hubieras imaginado. Un plan de visión te dará dirección y estímulo.

Mientras progresas hacia el cumplimiento de tu propósito, también debes reconocer el peligro de imaginar que has realizado tu visión cuando realmente has cumplido solo con parte de esta. Algunas personas pierden el impulso muy pronto y pasan por alto lo que realmente estaban diseñados a hacer. Cuando un líder pierde la visión, en efecto, muere. Los líderes no solo deben conceptualizar, planear y comprometerse con su visión, sino también deben asegurarse de mantenerla.

Puede que estés enfrentando un problema y pienses: *nunca saldré de esto.* ¿Recuerdas los problemas que has resuelto en el pasado? Vinieron y se fueron. Entonces, cuando vengan los problemas, recuérdate a ti mismo que también serás capaz de salir de esas dificultades. Pídele a Dios ánimo y fortaleza. No existe nada en este mundo que no sea temporal. ¡Sigue adelante! Continúa con tu visión y cumple tu propósito.

seis

COMPARTE TU INSPIRACIÓN

Abraham, el patriarca del Antiguo Testamento, es considerado el predecesor de la mayoría de las religiones del mundo del cristianismo, judaísmo e islam. Él creyó, por medio de la fe en la promesa de Dios para él, que aun a la edad de cien años podría tener un hijo, quien daría inicio a una nación. Esto es inspiración.

Mahatma Gandhi apenas medía poco más de 160 cm y pesaba alrededor de 45 kg, pero parecía sobrellevar el peso de millones de personas en India que estaban aplastados bajo la carga de un imperio colonial. Creyó que podía enfrentar al gigante de Gran Bretaña y sacó a su pueblo para un mejor futuro. Eso es inspiración.

La Madre Teresa dejó su trabajo de enseñanza porque visionó un ministerio de servicio para "el más pobre de los pobres" en India. En el proceso, atrajo la atención mundial para la situación difícil de los excluidos, enfermos e indigentes. Ella esparció la misma visión en los corazones de muchas personas que continúan dando cuidado y dignidad a aquellos que la sociedad ha descartado. Esto es inspiración.

Steve Jobs visualizó y desarrolló una computadora de tamaño pequeño que la gente pudiera usar en sus lugares de trabajo y en sus casas, reemplazando las computadoras pesadas y de gran tamaño. De otro lado, Bill Gates miró el potencial de dar a cada persona el acceso de programas para computadoras fáciles de usar. Su sueño lo llevó a establecer lo que se convirtió en el imperio global de Microsoft. Esto es inspiración.

Antes de compartir tu inspiración con los demás, primero debes estar inspirado tú mismo. Esta inspiración tiene de su propio propósito y visión. Cuando descubres quién eres, por qué naciste, tu valor como ser humano, y tu potencial dado por Dios, entonces, y solo entonces, es cuando puedes captar el poder del propósito, el cual genera una visión. Al desarrollar tu visión, puedes saber claramente lo que quieres y cómo ejercerlo. Cuando tu visión se convierte en una parte integral de tus pensamientos, incentivos, planes y acciones, entonces inspirarás a otros.

LA INSPIRACIÓN ES EL CENTRO PARA EL LIDERAZGO

Si vas a guardarte solo una verdad de este libro, deja que la inspiración sea el centro del liderazgo. La inspiración es la capacidad que provoca a otros a descubrirse a sí mismos, sus propósitos y habilidades; y los motiva a maximizar su potencial.

La fuente de inspiración es nuestro Creador, por consiguiente, Él es el medio del liderazgo genuino. Debemos ser dirigidos y autorizados por el Espíritu de Dios para liderar de una manera que refleje la total extensión de sus propósitos para nuestras vidas.

Inspirar significa "activar, estimular, energizar, iluminar o motivar por influencia divina"; esto es a lo que se refiere el "dar aliento".

La inspiración es el centro del verdadero liderazgo, y el aliento del Espíritu de Dios es la fuente de la inspiración. Es por esta razón que para ser el líder que el Creador planeó que seas, debes tener una relación personal con Dios por medio de su Hijo Jesucristo. Esta visión inspiradora y apasionada del alma conduce a la realización del llamado para transformarte de ser un seguidor a un líder.

El compromiso profundo del líder de expresar su verdadero ser es la fuente de la inspiración que estimula a otros para esforzarse por descubrir y volverse en lo mejor que pueden ser. Este compromiso para ayudar a los demás genera en ellos el compromiso, la cooperación y el respeto por la autoridad del líder en su círculo de influencia. El liderazgo identifica y desarrolla nuevos talentos y libera el potencial humano.

INSPIRANDO A OTROS

El liderazgo depende de la habilidad de hacer que la gente quiera juntarse en la visión. Esto puede venir solo a través de la inspiración. ¿Es tu visión inspirada por Dios y lo suficientemente fascinante para que las personas comiencen a ayudarte con ella, aunque pueda que no hayan querido hacerlo inicialmente?

J. Oswald Sanders escribió: "La habilidad de inspirar a otros para el servicio y el sacrificio, es la marca de un verdadero líder".[15] La inspiración es la capacidad de movilizar, activar, motivar y estimular a otros para iniciar el cambio de sus propias prioridades y participar en una visión en conjunto. El Dr. Martin Luther King Jr. tenía el sueño que todos los americanos de todas las razas pudieran vivir sin prejuicio y racismo, y que pudieran ser juzgados solo por el "contenido de su carácter". Pagó el máximo sacrificio por este sueño, pero ayudó a cambiar tanto las leyes de su país como los corazones de mucha de su gente. En el proceso, él inspiró a otros para compartir su visión y trabajar hacia este cumplimiento.

LA HABILIDAD DE INSPIRAR A OTROS PARA EL SERVICIO Y EL SACRIFICIO, ES LA MARCA DE UN VERDADERO LÍDER.

La inspiración es el fundamento de la verdadera cooperación. Cuando un líder transmite su visión, aquellos que la reciben deciden participar, ya que miran cómo sus propios propósitos y visiones encuentran el cumplimiento allí. Participar en una visión corporativa no quiere decir *dejar* tu visión. Tú debes tener tu propia visión para empezar. Más bien, ser expuesto a una visión corporativa puede *mover* tu visión personal al descubrir una manera de poner tu visión en práctica. Siempre recuerda que tú no recibes tu visión de otras personas, pero con frecuencia la puedes realizar en conjunto con otros. El líder de la visión corporativa ayuda a activar las pasiones, los sueños, dones y talentos de aquellos que participan con él en llevar a cabo la visión.

EL PODER DE LA INSPIRACIÓN

En 1980, Ronald Reagan inspiró al pueblo norteamericano con un mensaje de optimismo después de haber experimentado años de recesión, escasez de gasolina, y noticias diarias sobre rehenes norteamericanos en Irán. Su plataforma del retorno a la prosperidad y fortalecimiento hizo eco en muchas personas de ambos partidos. Su popularidad no solo se derivaba de sus habilidades ingeniosas y de comunicación, sino también de su habilidad para conectarse con los norteamericanos e inspirarlos a un nivel básico concerniente a sus creencias en los valores de optimismo, ingeniosidad y libertad.

Durante la fuerte carrera de la candidatura presidencial estadounidense del 2008, un joven de raza mixta (su padre era negro, de Kenia, y su madre era blanca, de los Estados Unidos de América) sorprendió a muchos por su surgimiento como el candidato presidencial del partido democrático. Sin importar la afiliación partidaria política, o si ellos están de acuerdo o no con tu posición política, las personas reconocen la habilidad de Barack Obama para inspirar a otros. Después de declarar su candidatura para la carrera presidencial del 2008, inspiró a muchas personas, quienes respondieron a su mensaje de "esperanza". Él inspiró a miembros de la dinastía política de la familia Kennedy para apoyarlo. Su candidatura es el resultado del poder que tiene para inspirar.

El poder inspirador toma muchas formas e involucra todas las áreas de la vida, no solo el reino político. En 1753, Jacques-Louis David pintó *El juramento de los Horacios*. El cuadro describe a tres soldados romanos con los brazos extendidos hacia las espadas, con un telón de fondo de familias afligidas. Pintada en una época anterior a las telecomunicaciones, el estilo y el tema del lienzo tuvieron un poderoso impacto en aquellos que lo miraron. No solo alteró las percepciones del arte y colocó una nueva dirección con respecto al estilo predominante de la pintura, sino también inquietó los sentimientos de deber, honor y patriotismo en muchos ciudadanos franceses, y los motivó a ver la necesidad de cambios positivos en su sociedad.

A inicios del siglo veintiuno, el cine fue influenciado por el director australiano Peter Jackson. Su pasión por capturar los temas y los personajes de la trilogía más vendida de J. R. R. Tolkien, *El Señor de los Anillos,* inspiró a un ejecutivo cinematográfico a poner en juego la existencia de su estudio de cine en las tres películas de Jackson sobre los anillos, que serían filmadas una después de la otra. Esta fue una decisión sin precedentes, ya que la mayoría de los estudios esperan a ver si una filmación tiene éxito antes de financiar otra. La visión de Jackson, la creatividad y la atención a los detalles al hacer estas películas inspiraron al reparto y al equipo, al igual que a la entusiasta audiencia y a la Academia de Artes y Ciencias Cinematográficas. La Academia otorgó once premios *Oscar* a la tercera película, colocándola en un triple empate con la mayor cantidad de premios *Oscar* dados a una sola película.

INSPIRACIÓN VERSUS MANIPULACIÓN

La inspiración es la fuerza más importante en el liderazgo, no solo porque motiva, sino también porque protege al líder de la tentación de manipular a otros. Los aspirantes a líderes que no pueden inspirar a otros con frecuencia recurren a la manipulación. Siempre que manipules a las personas, ya no eres un líder verdadero, te convertiste en un dictador. Una vez que inspiras a las personas, ellos te dan su energía. Tú no necesitas manipular, coaccionar o sobornar a nadie.

Si los líderes están para compartir su visión e inspiración con los demás, deben aprender a comunicarse efectivamente con la gente. Un buen líder descubre y refina su estilo de comunicación y se esfuerza por entender el ánimo y las necesidades de su audiencia. Una cualidad indispensable para un líder en este particular es el sentido del humor y la habilidad de reírse de sí mismo. El humor ayuda a que el líder mantenga perspectiva apropiada en la vida y para alcanzar a otros. Con un saludable sentido del humor, los líderes pueden transformar situaciones tensas en ambientes positivos y crear una atmósfera de comprensión.

En 1974 fui a predicar a un pequeño pueblo en las afueras de Tulsa, Oklahoma. Parecía que yo era el único hombre negro en el pueblo. Ellos no miraban con frecuencia gente negra en el área y lo único que sabían sobre los negros era que alguna vez fueron esclavos. Fui invitado por un profesor que quería que yo predicara en una iglesia. Cuando me levanté, todo lo que vi fueron caras blancas. Ellos habían llegado para ver a este hombre joven de la Oral Roberts University. Pude sentir la tensión. Quizá pensaron que solo gente blanca iba a Oral Roberts.

Me levanté con todas esas lindas caras viéndome, estaban nerviosos. Entonces dije: "¿Saben todos ustedes cómo me siento? Me siento como una pasa en un tazón de hojuelas de maíz". Se rieron hasta más no poder. Cuando terminaron, empecé a predicar y todo salió bien. Cuando terminé, alrededor de dieciséis personas se acercaron para entregarle sus corazones a Dios. Fui invitado nuevamente para predicar en esa iglesia por tres veces, invitaron a miembros de todas las otras iglesias locales para que vinieran a escucharme. Fue emocionante.

Debes tener la habilidad de reírte de ti mismo. Esto es muy importante. Algunas personas son muy difíciles consigo mismas. ¿Alguna vez te has resbalado y caído delante de la gente? ¿Qué deberías hacer en esa circunstancia? Levántate, ríe con ellos y di "¿Vieron lo que acabo de hacer? ¿No es gracioso? Me acabo de caer". Ríe, porque si hubiera sido alguien más, seguramente te habrías reído.

EL LIDERAZGO PUEDE SER RESUMIDO COMO UNA INSPIRACIÓN CONTAGIOSA.

El corazón alegre se refleja en el rostro (Proverbios 15:13). *Para el afligido todos los días son malos; para el que es feliz, todos son de fiesta* (Proverbios 15:15). Un líder puede acercarse a alguien que está deprimido y abatido y quitarle ese desánimo con una sonrisa y algo de humor. Es raro que des una sonrisa y no tengas otra de regreso. Una sonrisa es algo que no se puede comprar; no puedes sobornar a alguien para obtenerla. Es un regalo que nos damos el uno al otro. El espíritu de un líder es alegre, agradable, positivo y abierto.

El liderazgo puede ser resumido como una inspiración contagiosa. Después de que una visión es encendida en el corazón del líder y la siembra en los corazones de los demás, fluye la energía y el impulso de la gente que visualizan las posibilidades de un futuro mejor, un producto más efectivo, un ambiente más enriquecido o una vida renovada.

¿Cuál es tu visión? ¿Te inspira en tu vida el trabajo y las relaciones? ¿Estás listo para compartirla con otros?

siete

COMPROMÉTETE CON LOS PRINCIPIOS Y LOS VALORES

Los líderes son individuos cuyo carácter ha sido probado, demostrado y establecido como fiel y confiable. Warren Bennis escribió: "La integridad es la base de la confianza, que no es tanto un ingrediente del liderazgo sino que es el producto. Es la cualidad que no puede ser adquirida, sino que se debe ganar. Es dada por los compañeros de trabajo y seguidores, y sin ella, el líder no puede funcionar".[16] La confianza es un producto del carácter y competitividad, lo que eres y lo que haces. Para convertirte en un líder eficaz, debes ganarte la confianza de los demás.

George Washington sirvió junto a los hombres más inteligentes, dotados e influyentes que se juntaron durante la Revolución Americana, hombres como Benjamín Franklin, John Adams, Thomas Jefferson y Alexander Hamilton. Pero todos ellos consideraron a Washington ser el hombre más grande que conocieron. ¿Por qué? Su integridad personal causó que estos poderosos y talentosos hombres lo respetaran y admiraran como su indiscutible líder.

Los principios y valores son componentes naturales en el éxito para la realización de la visión del líder. El verdadero liderazgo, por consiguiente, siempre incluye un código personal de éticas y normas que salvaguardan el carácter necesario para que el líder ejerza y cumpla su propósito y visión.

PELIGROS DEL LIDERAZGO SIN PRINCIPIOS

La historia está llena de gente que subió a un liderazgo poderoso a través de medios legítimos e ilegítimos, y empezaron a exponer los motivos oscuros de sus corazones. Sus motivos inmorales resultaron en el sufrimiento, abuso y destrucción de muchas vidas inocentes.

Adolfo Hitler llegó a su cargo prometiendo a los alemanes el regreso de la antigua gloria como nación. Sin embargo, una vez que llegó a ser dictador, sus distorsionados valores y deseos por glorificación personal se notaron cada vez más claro al acosar a los ciudadanos alemanes para sus propósitos egoístas, instigando la Segunda Guerra Mundial y ordenando la matanza de millones.

En cada área de la vida, gobierno, negocio, religión, media, educación, etc., existen personas que aspiran a posiciones de liderazgo e influencias motivadas por ambiciones egoístas. Puede que no lleguen al extremo de perseguir o matar a la gente, pero su ambición egoísta causa otros tipos de destrucción humana y social.

¿Cómo podría ser diferente la vida de las personas de los países que sufren de sequía, si sus líderes no hubieran llenados sus bolsillos con la ayuda extranjera en vez de haberla dado a aquellos que la necesitaban?

¿Cómo podría hoy ser más fuerte la integridad en los deportes si los atletas hubieran rechazado ser tentados o presionados para tomar esteroides o participar en juegos ilegales?

¿Cómo podría ser más fuerte y vital la fe de los feligreses si sus líderes espirituales no hubieran violado su confianza al estar involucrados en relaciones extramatrimoniales, abuso sexual o mal uso de fondos?

¿Cómo podría ser hoy más saludable el ánimo emocional de muchos niños si sus padres hubieran pensado más en ellos que en sus propias actividades egoístas?

No importa qué área de la vida analicemos, los principios y valores son importantes en lo que concierne a la calidad de vida, tanto para el líder como para aquellos que él influencia y afecta. *El verdadero liderazgo no puede estar divorciado de las cualidades básicas que produce el carácter bueno y sano.* El liderazgo involucra todo de la persona y, por consiguiente, no puede ser relegado hacia un "compartimiento profesional" de nuestras vidas. Hay muchos que insisten en que sus vidas personales no deberían estar ligadas con sus posiciones profesionales como líderes, y que sus actividades y conductas fuera de sus funciones de liderazgo no tienen nada que ver con sus habilidades para funcionar. Este grave error ha explicado la trágica caída de muchos grandes hombres y mujeres que intentan violar este principio de la integración total de sí mismo en el liderazgo.

La confianza no es un don o talento sino el producto del carácter probado con el tiempo, forjado en medio de las pruebas de la vida. Una vida probada con el tiempo es la materia prima del carácter y la confianza. Si quieres convertirte en el líder que tienes el potencial para ser, debes comprometerte con principios y valores fuertes.

LOS PRINCIPIOS GLOBALES DE AMOR Y SERVICIO

El liderazgo eficaz no viene como resultado de la ambición para liderar o de ser grande, sino del profundo deseo de servir a otros. Jesús enfatizó el principio global del servicio en la enseñanza a sus discípulos:

> *Entonces Jesús, llamándolos* [a sus discípulos], *dijo: Sabéis que los gobernantes de las naciones se enseñorean de ellas, y los que son grandes ejercen sobre ellas potestad. Mas entre vosotros no será así, sino que el que quiera hacerse grande entre vosotros será vuestro servidor; como el Hijo del Hombre no vino para ser servido, sino para servir, y para dar su vida en rescate por muchos.* (Mateo 20:25-28, RV60)

Durante la carrera por la presidencia de los Estados Unidos de América en 1992, los candidatos Bill Clinton, gobernador de Arkansas, y el presidente saliente, George Bush, estuvieron ocupados en una intensa guerra sobre los temas de carácter personales y morales. Muchos consideraron estos asuntos menos importantes que las habilidades políticas y gubernamentales. Sin embargo, es evidente que, tomando el pasaje bíblico anterior, las calificaciones para el liderazgo incluyen todos los aspectos del carácter del individuo. Estas calificaciones no solo caracterizan a los líderes eficaces, sino también a aquellos que sirven como signos de progreso para cualquier sociedad. He agrupado estas cualidades en valores del liderazgo.

EL VALOR DE LA FIDELIDAD

La fidelidad es una virtud del carácter que se aplica a todos los aspectos del liderazgo. Cada uno de nosotros tenemos talentos, pero debemos ser fieles para usarlos. Puede que tengas potencial como pianista, pero si no tomas tiempo para practicar, tu talento no te servirá bien. De igual manera, ser un líder talentoso no es suficiente; debes también ser fiel para el carácter del liderazgo. Un aspecto de la fidelidad es que tu palabra puede ser de confianza. Un compañero infiel es alguien que rompe su palabra. Un líder debe fijar una alta norma en su relación matrimonial y comprometerse en fidelidad.

LA FIDELIDAD ES UNA VIRTUD DEL CARÁCTER QUE SE APLICA A TODOS LOS ASPECTOS DEL LIDERAZGO.

EL VALOR DEL AUTOCONTROL

Cuando eres colocado en una posición de liderazgo, automáticamente te vuelves en un blanco de tentación. Si mil personas están juntas y una persona es puesta sobre la muchedumbre, se vuelve en un blanco más fácil que si estuviera en la muchedumbre. En otras palabras, cuando te conviertes en líder, usualmente estás en una posición altamente visible, y te vuelves atractivo para muchos intereses. Aunque las tentaciones externas inevitablemente llegarán, el líder debe recurrir a su fortaleza y compromiso interno para resistirlas. Muchas personas caen ante la tentación, ya sea en lujuria, glotonería, miedo o algo más. No tienen control o integridad para salvaguardarse a sí mismos y para darse una clara perspectiva. Algunas personas sacrifican sus principios por ganancias o fama personal. Si quieres ser líder, pero no puedes controlar tus pasiones, espera un rato antes de aceptar una posición de liderazgo.

EL VALOR DE LA CALMA

Aprender el autocontrol capacita al líder para tener el valor de la calma o templanza. Santiago, un líder de la iglesia del primer siglo, animó a los receptores de sus enseñanzas: *Todo hombre sea pronto para oír, tardo para hablar, tardo para airarse* (Santiago 1:19, RV60). Si eres firme, significa que respondes con calma y gentileza en la primera vez, en la segunda vez, y en la tercera vez. Tú no interrumpes a las personas, asumes que sabes lo que van a decir, o sales disparado. Tú valoras la importancia y dignidad de aquellos alrededor tuyo. ¿Cómo reaccionas cuando la gente dice algo inesperado o cuando las situaciones no salen como te gustaría? ¿Estás capacitado para responder de manera constructiva? Cuándo sucede un problema o crisis ¿eres capaz de pensar tus opciones calmada y positivamente? Este tipo de calma es un rasgo muy necesitado de entre los líderes de hoy.

EL VALOR DE LA INTEGRIDAD HACIA QUIENES SIRVES

Aprender a resistir la tentación también ayuda al líder a conservar el valor de la integridad hacia aquellos que sirves e influencias. En esencia, un líder desarrolla un carácter que no está abierto a ataque o censura porque está sobre el reproche. Él fortalece y construye su comunidad por medio de su ejemplo ético y sus contribuciones de confianza. Un líder es hospitalario, es generoso y abierto con aquellos alrededor de él y está dispuesto a trabajar por y con otros para su bien. No persigue su visión solo por lo que va a obtener de ello, sino por cómo esto ayudará a su familia, comunidad y país.

EL VALOR DE LA COMUNICACIÓN RESPONSABLE

El apóstol Pablo dijo que un líder es capaz de enseñar. Esta habilidad de enseñar tendrá diferentes formas dependiendo del campo del liderazgo individual. Sin embargo, aquellos que son capaces de enseñar tienen ciertas cualidades. Primero, estudian las áreas de la vida relacionada a sus visiones, y aprenden lo que necesitan para realizarlas efectivamente. Segundo, buscan la comprensión de ese conocimiento para ponerlo en perspectiva y ganar sabiduría en cómo aplicarla. Tercero, son capaces de comunicar sus conocimientos y sabiduría a los otros que están involucrados en su visión, ya sea directa o tangencialmente. Estas tres áreas son la responsabilidad del líder.

EL VALOR DE LA INTEGRIDAD PERSONAL

Los líderes deben demostrar su compromiso con los más altos ideales y principios de la Palabra de Dios, nunca traicionar las normas de la verdad y honestidad. Ya hemos visto las áreas de la fidelidad y de resistir la tentación, pero existe un mundo de temas y circunstancias en donde la integridad es necesaria en un líder. Entre más familiarizado esté con la Palabra de Dios, más será capaz de reconocer los peligros para su integridad y buscar el mantener los valores consistentes con la naturaleza del Creador.

EL VALOR DE LA MADUREZ

El valor de la madurez puede ser visto en las cualidades de responsabilidad y humildad.

RESPONSABILIDAD

Muchas personas tienen buenas intenciones y desean servir como líderes, pero serán guiados a la ruta del liderazgo aquellos que son fieles a lo que se les ha dado. Es fácil emocionarse acerca de una visión que permanecer fiel a ella. La fidelidad en las pequeñas cosas es la calificación para la promoción a cosas más grandes: *El que es fiel en lo muy poco, es fiel también en lo mucho; y el que es injusto en lo muy poco, también es injusto en lo mucho… Y si no habéis sido fieles en el uso de lo ajeno, ¿quién os dará lo que es vuestro?* (Lucas 16:10, 12, LBLA)

¿Recibes bien la responsabilidad? Aunque alguien te diga: "Me gustaría que aspiraras la alfombra de la sala de espera", acepta la tarea como un camino hacia el liderazgo. Dios está observando para ver cuán bien ejerces esa tarea en esa área. Si eres perezoso y solo limpias la parte más visible de la alfombra, pero dejas sucio el resto, Dios tomará nota. Él concluirá "parece que es desganado". ¿Crees, entonces, que Él te dará mayor responsabilidad? Hay dos razones por las que un líder te escogerá: (1) porque eres un haragán y está tratando que te muevas, o (2) eres el tipo de persona que siempre quiere responsabilidades, que puedes ser usado, que se puede depender de ti. Si calificas en la segunda área, estás en vías del liderazgo. Winston Churchill dijo: "El precio de la grandeza es la responsabilidad".[17]

HUMILDAD

Un verdadero líder no solo es responsable, sino también humilde. Pablo escribió que un líder no debería ser un nuevo converso e inexperto, porque podría ser tentado en volverse presuntuoso de estar en una posición sobre los demás. Una persona inexperta en los valores y principios del liderazgo podría fácilmente perder el enfoque del liderazgo y usarlo para ambiciones egoístas, ganancias personales y un falso sentido de seguridad.

Alguien que ha trabajado mucho para entender el liderazgo y convertirse en un líder honorable y maduro exhibirá las cualidades de la humildad. Estará cómodo consigo mismo, consciente de sus fortalezas sin pensar que él es mejor que los demás y, sobre todo, estará lleno con gratitud al saber que es capaz de vivir cada día moviéndose hacia la realización de una visión dada por Dios.

RECUPERÁNDOSE DEL FRACASO MORAL

Una de las tragedias más grandes del mundo es cuando alguien con un gran potencial, fracasa y luego siente que nunca se levantará de nuevo. Sin embargo, las vidas de los líderes importantes como Moisés dan esperanza e inspiración. Moisés precipitadamente mató a un hombre, creyendo que al hacerlo estaba ayudando a aquellos para quienes él tenía la visión de ser libres de la opresión. Su visión fue correcta, pero sus métodos fueron equivocados. No había aprendido a buscar de Dios para encontrar los métodos que *Dios* quería usar para sacar al pueblo hebreo hacia la libertad. Después de esta experiencia, Moisés se fue al exilio por muchos años, pero ese no era el fin del plan de Dios para él.

Cuarenta años después del asesinato, Dios le dijo: *Quiero usarte*. Moisés replicó: *No entiendes, no estoy calificado. No soy impresionante. No tengo nada a mi favor*. Dios le dijo: *De todas maneras, quiero usarte*. ¿Por qué? Porque durante los cuarenta años que Moisés había empleado como pastor en el desierto, había ganado las cualidades del liderazgo, incluyendo la paciencia y la habilidad para enfrentar las penurias. Había aprendido lo suficiente, de manera que Dios le dijo: "Tú eres el tipo de hombre que puedo usar".

Si has fallado de alguna manera, debes tomarte un tiempo para ver lo que estuvo mal. Necesitas buscar perdón y desarrollar autocontrol, calma, madurez, y todos los valores del liderazgo. Recuerda, el verdadero carácter es forjado en lo secreto y mostrado en público. Cuando un líder falla, usualmente es rechazado por aquellos que han sido liderados por él, debido a este rompimiento de fe. Te doy a continuación algunas recomendaciones para sanidad y restauración.

"LEVÁNTATE"

Los líderes normalmente están entrenados en cómo tener éxito, pero muy rara vez se les enseña en cómo caer efectivamente. Ellos se caen, pero no saben cómo "levantarse" después de la caída. Pero el fracaso en el liderazgo no es tan grave como el fallar en lidiar eficazmente con dicho fracaso.

El fracaso en el liderazgo es el cierre de la cuenta de la confianza. Esta es la experiencia más difícil que un líder pueda enfrentar porque la confianza es la divisa del éxito del liderazgo. Es imposible liderar a aquellos quienes no confían en ti. La confianza es el depósito en la cuenta del liderazgo que los seguidores hacen por un período largo de tiempo. La cuenta es mantenida por la continua fidelidad y confianza hacia el líder. El líder protege la cuenta de inversión con su integridad y carácter. La violación de la cuenta de inversión por la destrucción de esta integridad y carácter no puede restablecerse solamente por medio del perdón. Mientras los seguidores puedan perdonar inmediatamente al líder, la cuenta de inversión todavía estará mermada.

El líder debe estar constantemente consciente de que una cuenta de inversión de confianza, la cual puede haber sido edificada por más de treinta o cuarenta años, puede ser cancelada en treinta o cuarenta segundos. El reto en este respecto es que un líder que ha fallado no puede esperar que la cuenta sea restablecida como resultado de su remordimiento, confesión y arrepentimiento. De hecho, puede que se tome mucho más tiempo para restablecer la cuenta que lo que originalmente le tomó construirla.

LOS LÍDERES NORMALMENTE ESTÁN ENTRENADOS EN CÓMO TENER ÉXITO, PERO MUY RARA VEZ SE LES ENSEÑA EN CÓMO CAER EFECTIVAMENTE.

¿QUÉ DEBERÍA HACER UN LÍDER CAÍDO?

Muchos líderes han cometido el error de creer que sus logros, éxitos y reputación anterior pueden ser intercambiados por la confianza que han perdido. Esto no es así. Lo que sigue son los pasos para la restauración, reconciliación y recuperación:

1. Admitir estar necesitado de ayuda.
2. Confesar la violación de la confianza.
3. Identificar una autoridad autentica y confiable en su vida a quien rendirle cuentas.
4. Total sumisión a esa autoridad sin condiciones.

5. Obedecer el consejo, exhortación e instrucción de esa autoridad sin condición.
6. Aceptar la total responsabilidad de la caída.
7. Acordar nunca intentar defenderse a sí mismo o defender el acto de indiscreción de alguien.
8. Acordar permitirle a la autoridad que represente y hable en su nombre ante el público y la mayoría de la comunidad.
9. Total sumisión a la discreción de la autoridad en cuanto a lo que disponga con respecto al regreso al servicio público.
10. Establecer una relación permanente con la autoridad para continuar rindiendo cuentas.

El fracaso del líder no es la terminación del llamado, de la asignación, de los dones o talentos. Debe ser visto como un desvío, una interrupción, incluso en un intento por cancelar el destino. Si has caído, es el momento de "levantarte" y buscar restauración.

EL COMBUSTIBLE DEL LIDERAZGO ES LA CONFIANZA

Si la fuente del liderazgo es la inspiración y la vida del liderazgo es la seguridad, entonces el combustible del liderazgo es la confianza. Hemos visto que el liderazgo eficaz está esencialmente construido en la base del poder inspirativo y una vida honorable que produce seguridad en el carácter de alguien. La confianza es el producto del tiempo y de la integridad.

Los valores del liderazgo pueden ser resumidos por medio de este pasaje acerca del fruto del Espíritu de Dios:

En cambio, el fruto del Espíritu es amor, alegría, paz, paciencia, amabilidad, bondad, fidelidad, humildad y dominio propio. No hay ley que condene estas cosas.

(Gálatas 5:22-23)

ocho

EXPRESA TU PASIÓN

La pasión viene de la inspiración y es un catalizador vital para el liderazgo. Hemos visto que un catalizador es un "agente que provoca o acelera un importante cambio o acción".[18] Miguel Ángel estaba tan compenetrado en pintar la Capilla Sixtina que se perdía por semanas sin cambiar sus ropas, deteniéndose solo para comer algo o para un breve descanso. ¡Eso es pasión por el propósito! La vida con propósito provee el combustible para la pasión, la persistencia y la perseverancia.

EL CATALIZADOR DE LA PASIÓN

LA PASIÓN MOTIVA

Cuando un líder está apasionado en su propósito y visión, no necesita de otros para motivarse a trabajar. Él es su propia motivación. Es iniciador. Tiene energía para trabajar los detalles de su plan de visión. Su pasión dirige el manejo de su tiempo, recursos y prioridades. Organiza su vida para ser capaz de cumplir su visión y está frustrado cuando no es capaz de trabajar hacia ello.

Eclesiastés 9:10 dice: *Y todo lo que te venga a la mano, hazlo con todo empeño.* ¿Tienes una visión que te da la total motivación para vivir y trabajar? Una señal de que has logrado entender tu verdadero propósito es que posees una pasión que motiva.

CUANDO UN LÍDER ESTÁ APASIONADO EN SU PROPÓSITO Y VISIÓN, NO NECESITA DE OTROS PARA MOTIVARSE A TRABAJAR.

LA PASIÓN ENERGIZA

Alguien que está haciendo lo que nació para hacer está lleno de energía y entusiasmo. No puede esperar para salir de la cama en la mañana. ¿Cuántas personas se arrastran para ir a trabajar, se empujan a sí mismos durante todo el día y ansían que llegue el fin de semana? Los líderes tienen un fuerte deseo de cumplir su visión. No pueden esperar sentados hasta que hayan hecho el progreso hacia esa visión. Aquí hay una indicación de si estás o no, ejerciendo tu verdadero propósito: si eres capaz de eliminar lo que estás haciendo y sigues feliz, entonces no estás apasionado por eso.

La energía del líder también le da consistencia. No para de trabajar por el aburrimiento o las incontables distracciones que encuentra diariamente. Algunas veces, aun se tiene que recordar de comer o dormir. Él *quiere* estar haciendo lo que está haciendo. Trabajar en su visión no disminuye su energía, solo pareciera recargarlo.

LA PASIÓN RENUEVA

La pasión no solo motiva y energiza, también renueva totalmente a la persona. Satisface el espíritu porque la persona está cumpliendo el propósito de su Creador y está haciendo lo que nació para hacer. Le refresca el alma, porque ejercer el propósito y la visión le trae interés en su vida y esperanza para el futuro. También con frecuencia revigoriza el cuerpo, dándole a la gente energía que nunca creyó tener, aliviando el estrés y la tensión, y aun algunas veces reduciendo o aliviando otros síntomas físicos.

LA PASIÓN FORTIFICA

La pasión provoca que la gente se mantenga en marcha sin importar los obstáculos, porque está enfocada en la realización de sus propósitos. De esta manera, les da perseverancia y resistencia. Newt Gingrich dijo: "La perseverancia es el duro trabajo que usted hace después de estar cansado de hacer el duro trabajo que ya hizo".[19] La persistencia, la recuperación y perseverancia son esenciales, porque la oposición y el contratiempo son parte del proceso de satisfacer la visión. Además, estas cualidades son especialmente necesarias cuando un líder experimenta el fracaso. La pasión por el propósito lo remueve para regresar y mantenerse en movimiento hacia su visión.

UNA FUERZA INCONQUISTABLE

La pasión es el deseo que es mayor que la oposición y más fuerte que la muerte. Fue la pasión lo que condujo a Florence Nightingale a deshacerse de sus oportunidades personales para llevar consolación al enfermo y herido, dentro y fuera del campo de batalla. Fue la pasión lo que provocó al teólogo Dietrich Bonhoeffer para entrar en la resistencia alemana durante la

Segunda Guerra Mundial y dejar su vida para liberar a su país de Hitler y el nazismo.

Vemos que la pasión por el propósito es más fuerte que la muerte cuando la visión de una persona es captada y llevada a cabo por otros después que esta muere. El mayor ejemplo de un propósito más grande que la muerte es Jesucristo. Él dijo: *Nadie tiene amor más grande que el que da la vida por sus amigos* (Juan 15:13). El poder de su vida, muerte y resurrección cambió el curso de la historia, reconcilió a un sinnúmero de personas con el Creador, y le dio a la humanidad esperanza eterna para el futuro.

EL MAYOR EJEMPLO DE UN PROPÓSITO MÁS GRANDE QUE LA MUERTE ES JESUCRISTO.

COMUNICANDO TU PASIÓN AL MUNDO

Expresar pasión por el propósito toma una variedad de formas, porque la visión de cada persona es única. Miremos, por consiguiente, las tres áreas generales en donde la pasión es comunicada de maneras tangibles. Estas áreas entrelazan todos los tiempos, pero pueden ser identificadas como expresiones claras de la visión apasionada.

PASIÓN PARA CREAR, CONSTRUIR O PRODUCIR

Algunas personas expresan su pasión por el propósito principalmente a través de lo que ellos crean, construyen o producen. Ya sea en hacer una obra de arte, una construcción, un invento, o una organización, el resultado es un reflejo de la pasión nacida en el corazón y realizada a través de la mente y el cuerpo. La pasión por describir el movimiento en la escultura llevó al artista Auguste Rodin a provocar un resurgimiento en la forma del arte.[20] La pasión para inventar inspiró a Thomas Edison, Alexander Graham Bell y otros para producir mucho de las predecesoras conveniencias que hoy disfrutamos, como el fonógrafo y el teléfono. ¿Tienes la pasión para crear, construir o producir?

PASIÓN PARA CONTRIBUCIÓN POSITIVA

Otras personas expresan su pasión por el propósito a través de sus esfuerzos de traerle adelantos positivos al mundo. Miremos solo un área: los adelantos médicos. La pasión para erradicar enfermedades llevó a Louis Pasteur a probar que los gérmenes están conectados con la enfermedad e inventar el proceso que se hizo conocido como "pasteurización". La pasión por curar inspiró a Clara Barton a fundar la Cruz Roja Americana. La pasión por salvar vidas llevó a Willem Kolff a inventar la primera máquina de diálisis artificial para riñón. La pasión por ver a los niños vivir vidas saludables ha motivado al actor Jerry Lewis para dedicar décadas de su propia vida a la recaudación de dinero para financiar la investigación para la cura de distrofia muscular y para ayudar a aquellos que sufren de eso. ¿Tienes pasión para una contribución positiva en el mundo?

PASIÓN PARA ELIMINAR ERRORES

Es más, otros expresan su pasión en trabajar para eliminar los errores en la sociedad. J. Oswald Sanders escribió: "Los líderes que han impactado a sus generaciones lo hicieron justo después de que se enojaron por la injusticia y abuso entre los hombres".[21] Algunas visiones de las personas son nacidas de algo por lo cual están enojados. Pueden estar enojados por la conducta poco ética, carencia de viviendas, crimen o el hambre. Aquellos que aman al Creador y sus caminos, odian la transgresión. Odian el dolor que le causa a la gente y que los vuelve malos. Yo me enojo cuando veo gente joven siendo destruidos por las drogas. Lo detesto. Amo a esos jóvenes, pero odio lo que les está matando.

Los errores de la sociedad conmueven a los verdaderos líderes para buscar soluciones justas y prácticas. La compasión por sí sola puede ser el producto del enojo contra lo que hiere a la humanidad. Pero los líderes deben ser cuidadosos para dirigir apropiadamente ese enojo, para que este resulte en soluciones reales en vez de cólera y frustración. También deben guardarse contra la suspicacia y la desesperación. La indignación contra lo malo se vuelve en una visión legítima cuando la pasión de un líder es canalizada de maneras positivas y constructivas. ¿Tienes pasión para eliminar los errores en tu nación o en el mundo?

DE LA INSPIRACIÓN A LA IMPLEMENTACIÓN

¿Estás empezando a ver la conexión entre propósito, visión y pasión? La pasión nos permite movernos hacia delante con nuestras visiones dadas por Dios, nos permite ir de la inspiración hacia la implementación.

¿Con qué estas apasionado? ¿Estás frustrado porque realmente te gustaría hacer algo que todavía no ha sido posible hacerlo? Tómate un tiempo para considerar lo que te motiva, energiza, renueva y fortifica, o lo que *generaría* esos efectos en ti. Entonces, piensa en cómo comunicar tu pasión al mundo, porque la pasión es el catalizador para el liderazgo.

nueve

FACULTA A OTROS

Hemos visto que un líder es el que guía por medio de la influencia. En esencia, una persona puede tener "subordinados", pero nadie a quien dirija efectivamente. Si como "líder" piensas que aquellos que participan en tu visión son menos que tú, usualmente los verás como un recurso para ser manejado en vez de líderes potenciales para ser desarrollados.

En contraste, *un líder es quien guía a otros hacia el liderazgo.* Primero se lidera a sí mismo y luego inspira a los demás para seguirle en el liderazgo. Otra manera de decir esto es que un líder es alguien que se despliega a sí mismo,[22] y al hacerlo inspira a otros a hacer lo mismo. En consecuencia, un verdadero líder está más interesado con el despliegue que con el empleo para sí mismo y para los demás.

CÓMO DISUADIR Y REPRIMIR A LAS PERSONAS: "LIDERANDO" POR MEDIO DEL PODER AUTORITARIO

Algo de lo que llamamos liderazgo realmente es solo un poder ostentoso y autoritario. Esta situación está inusualmente caracterizada por lo siguiente:

- *Una atmósfera controladora.* Algunas personas "lideran" al promover un ambiente de temor, intimidación, obligación, dependencia o culpabilidad.
- *Desánimo de creatividad e individualidad.* Las ideas son impuestas de arriba hacia abajo, y no hay espacio para una contribución de ideas y soluciones por los subordinados.
- *Falta de trabajo en equipo.* Cuando la gente no es animada para trabajar en equipo, son rudos unos con otros, y son excluidos de la misión de una compañía u organización, por lo general se retirarán a sus "esquinas" y tomarán una actitud de autopreservación. Esta separación y división puede llevar a repeticiones innecesarias de tareas, suspicacia, apatía, luchas de poder y productividad reducida.
- *Ausencia de apreciación y crédito.* El poder autoritario no se preocupa de las contribuciones de los subordinados, excepto para asegurarse de que hayan completado sus tareas. Aquellos que empuñan dicho poder no dan crédito a los que han jugado un papel en los logros, sino que son rápidos para culpar a los demás cuando hay errores y pérdidas.

ALGUNAS PERSONAS "LIDERAN" AL PROMOVER UN AMBIENTE DE TEMOR, INTIMIDACIÓN, OBLIGACIÓN, DEPENDENCIA O CULPABILIDAD.

Todos aquellos que "lideran" de esta manera pueden tener muchos empleados o trabajadores, y aun colegas, pero también tienen pocos o ningún seguidor, o líderes en entrenamiento, sin los cuales no pueden convertirse en líderes reales. El poder autoritario anula el potencial de la gente y los reprime espiritual, emocional y mentalmente, y algunas veces físicamente.

RESPUESTAS COMUNES ANTE ALGUIEN QUE OSTENTA EL PODER

Aquellos que usan métodos autoritarios carecen de seguidores, quienes podrían ser desarrollados como líderes. Esto se debe a tres respuestas altamente predecibles por sus abusos de poder:

1. *Resistencia (luchar).* Cuando alguien es empujado por alguien más, la reacción natural casi siempre es empujar de regreso. El poder autoritario puede guiar a resentimientos, confrontaciones enfadadas y arrebatos emocionales.
2. *Resignación (huida).* A la mayoría de nosotros no nos gusta pelear, y ciertamente no nos gusta una dieta diaria de contiendas. Cuando nos enfrentamos con una relación caracterizada por conflictos continuos, tratamos de salirnos de ahí. La gente puede tolerar temporalmente un ambiente desagradable, esperando que cambie, pero mientras esa esperanza decae, aquellos que encuentran ambientes más prometedores tienden a irse.
3. *Sumisión (sucumbir a la presión).* De las tres alternativas, la más triste y deprimente es esta. En algunos casos, los subordinados funcionan de manera que es casi inhumana. En un intento de evadir el conflicto y el

riesgo, los subordinados sumisos hacen poco o ningún esfuerzo por pensar o contribuir a la organización.

PRINCIPIOS DEL LIDERAZGO PARA DAR PODER A OTROS

Obviamente, el poder autoritario deja mucho que desear. Como líder, tú puedes cultivar a otros al tener en cuenta los siguientes principios:

EL LIDERAZGO ES UN COMPROMISO CON LAS PERSONAS

El verdadero liderazgo nunca existe por sí solo. Un líder que faculta a otros reconoce sus valores. No intenta clonarlos ni transformar a todos los demás a su imagen. Su profundo deseo es ayudarlos a descubrirse a sí mismos y utilizar sus habilidades, talentos, dones y potencial. Para él, mientras la gente que trabaja junta tenga las mismas metas, no es importante que tengan las mismas personalidades y maneras de realizar las cosas.

¿Cuál es tu actitud hacia tus colegas, empleados, amigos y miembros de la familia? ¿Esperas que los demás piensen y actúen exactamente como tú? ¿O reconoces y aprecias sus personalidades, dones y contribuciones individuales? ¿Reconoces las maneras distintas en las cuales la gente puede realizar la misma tarea de acuerdo con sus personalidades? El liderazgo valora los estilos únicos y habilidades de cada persona que contribuyen a la totalidad.

EL LIDERAZGO PROMUEVE EL TRABAJO EN EQUIPO

La visión del líder no puede realizarse con una actitud individualista. Ninguna gran obra fue hecha alguna vez por solo una persona. La película *Tiempos modernos*, de Charlie Chaplin, describe a los trabajadores como una simple parte del movimiento en la cadena industrial. No obstante, la función básica del líder (luego de inspirar a otros en su visión) es proveer un ambiente que fomente respeto mutuo y construya un equipo complementario y cohesivo en donde cada fortaleza única es hecha productiva y cada debilidad sea hecha irrelevante.

LOS LÍDERES DAN EL EJEMPLO

Un líder reconoce que el tono y las normas que determina para la realización de su visión tienen un aporte directo de su habilidad de facultar a los demás. Si él influencia a aquellos que comparten su visión de manera positiva, el progreso será hecho. Si recurre al poder autoritario, a las prácticas injustas o hay descuido, está poniendo en peligro la visión. La calidad e integridad del avance diario hacia la visión son su responsabilidad. Los líderes deben actuar con integridad, modelando sus expectativas y clarificando los requerimientos necesarios de la visión.

La actitud del líder es de importancia total. Debe estar seguro de su visión si es que quiere que los demás también estén seguros. Debido a su propia creencia en su visión, el líder inspira a otros para creer que la realización es verdaderamente factible.

LOS LÍDERES CONOCEN Y FOMENTAN LAS HABILIDADES DE LAS PERSONAS

Los líderes permiten que la gente descubra y cumpla sus propios propósitos dados por Dios. Para hacer esto, invierten tiempo, recursos y energía en aprender y fomentar las habilidades de los demás. Reconocen el potencial de otros y los ayudan a desarrollar sus destrezas y talentos en lo ancho y profundo.

LOS LÍDERES MUESTRAN APRECIO POR LAS CONTRIBUCIONES DE LAS PERSONAS

Los líderes consideran el éxito como un asunto corporativo, no algo personal. Al ejercer sus visiones, muestran aprecio por cada uno que está involucrado. Entienden que la gente necesita respeto, reconocimiento, empatía, gratitud, apoyo y confianza. Cuando los logros son realizados, ellos distribuyen el crédito en vez de tratar de agarrarlo todo para sí mismo.

¿OPRIMIR O EMPODERAR?

Quizá tú hasta ahora empiezas a entender tu potencial de liderazgo, o tal vez estés actualmente trabajando hacia tu visión. Puede que de pronto te hayas encontrado a ti mismo en una posición de liderazgo sin haber tenido ningún entrenamiento. Independientemente de tus circunstancias, respetar los principios de empoderar a los demás es esencial para completar con integridad el propósito que Dios te ha dado. Estos principios se aplican a todos los tipos de visiones y situaciones de liderazgo. Aunque algunas visiones involucran tareas que son necesariamente más solitarias que otras, llega el momento cuando todos necesitamos de otros para ayudarnos a realizar nuestras visiones. La manera que piensas acerca de los demás y los tratas durante el proceso de trabajar hacia tu visión, es igual de importante como el resultado final. ¿Caerás en el poder autoritario, o permitirás trabajar hacia tu visión al darle poder a otros?

diez

DISCIPLÍNATE PARA ALCANZAR TU PROPÓSITO

La forma más elevada de gobernar es el autogobierno. Los líderes tienen una profunda dedicación para la disciplina personal. Se adhieren límites para sí mismos para estar seguros de lograr sus visiones. No les gusta salir perdiendo, persiguiendo la indulgencia personal en lugar del cumplimiento de sus propósitos.

¿Eres autodisciplinado? ¿Te impones altas normas y parámetros estrictos a ti mismo por el bien del cumplimiento de tu propósito y visión? Revisemos a continuación algunas características claves de la autodisciplina.

CARACTERÍSTICAS DE LA DISCIPLINA PERSONAL

GRATIFICACIÓN RETRASADA

La autodisciplina significa esperar pacientemente por los resultados correctos y mejores en la vida. Demasiadas personas quieren apresurar el proceso, ya sea para formar relaciones, obtener posesiones o lograr éxito, y persiguen una "recompensa" inmediata. Han aprendido cuándo rechazar la gratificación inmediata en aras de obtener beneficios mayores en el futuro.

AUTOSACRIFICIO

Los líderes están dispuestos a hacer sacrificios por el bien del servicio. Piensan más en aquellos a quienes están sirviendo mediante sus visiones que en su propio bienestar. El entretenimiento y relajación no son sus principales metas en la vida. Mientras están conscientes de que sus cuerpos y mentes necesitan tiempo para renovarse y refrescarse, hacen el mejor uso que pueden de su tiempo.

Además, cuando los líderes toman decisiones, están conscientes de las consecuencias de esas decisiones en relación con sus metas. Solo hay veinticuatro horas en un día. Cuando elegimos estar involucrados en una actividad, estamos eligiendo no estar involucrados en otra actividad. Cuando decidimos poner nuestros recursos en un lugar, estamos tomando la decisión de no poner nuestros recursos en otro lugar. Los líderes entienden el principio de las prioridades en relación con sus visiones.

LA BÚSQUEDA DE LA EXCELENCIA

Un líder se autodisciplina en la búsqueda de la excelencia y rechaza la mediocridad. Se esfuerza por desarrollar sus destrezas y talentos, así como también para ganar conocimiento y sabiduría relevante para lograr su visión. Mientras otros permiten que la haraganería o apatía se arraiguen, los líderes se autodisciplinan para continuar desplazándose hacia sus metas, usando como recurso sus pasiones originales y aceptando la responsabilidad de completar las tareas tediosas o difíciles. Los líderes se moldean a sí mismos para obtener lo que es mejor para sus vidas y no se conformaran con menos.

UN LÍDER SE AUTODISCIPLINA EN LA BÚSQUEDA DE LA EXCELENCIA Y RECHAZA LA MEDIOCRIDAD.

NO HACER CONCESIONES POR EL BIEN DE LA POPULARIDAD

Esto puede tomar gran cantidad de integridad personal y disciplina para resistir la tentación de comprometer su visión por el bien de la popularidad temporal y la aprobación de otros. Si eres fácilmente influenciado por otras personas, sin importar tus convicciones personales, esta es una característica de que necesitas particularmente enfocarte en la eliminación. Los verdaderos líderes no pueden comprometer sus visiones para que los demás los quieran o para no tener que lidiar con la oposición.

No comprometer la propia visión no significa que un líder no debería aprender a escuchar a aquellos que genuinamente quieren ayudar y quienes pueden tener sugerencias en cómo cumplir la visión de manera mejor y más efectiva. Esa es cooperación, no compromiso. Eso es usar sabiduría y todos sus recursos disponibles para tomar decisiones. Los líderes deben aprender la diferencia entre no arriesgar sus principios e impedir su propio progreso por el orgullo, la terquedad o el ensimismamiento.

DISPOSICIÓN PARA CAMINAR SOLO

Debido a que los líderes no buscan la popularidad, y ya que sus visiones son usualmente innovadoras y contrarrestan el *statu quo*, con frecuencia deben caminar solos, especialmente al principio. ¿Cómo reaccionas cuando la gente se te opone o ignora tus ideas? ¿Renuncias inmediatamente a tus planes? ¿O estás dispuesto a mantenerte en la búsqueda de tu sueño porque estás convencido de tu propósito y porque tu pasión por tu visión no te permitirá desecharlo?

Si quieres ser un líder eficaz, debes disciplinarte para ser paciente, estable y consistente. Caso contrario, las circunstancias en tu vida pueden salirse de control y puedes fácilmente ser tambaleado por otras personas que no tienen los mejores intereses en mente.

Miremos un ejemplo negativo de esta verdad en la vida de Moisés. Después de liberar a los israelitas de Egipto, Moisés los dejó en el desierto mientras iba hacia la montaña a hablar con Dios. Estuvo allí por tan largo tiempo que la gente se frustró. Dijeron: "Moisés debió haber muerto". Aarón, el hermano de Moisés, estaba a cargo mientras Moisés estaba ausente, y se dejó presionar por el pueblo para hacer un becerro de oro como ídolo para su adoración. No se mantuvo en sus principios, ni siquiera para decirles cuán irrespetuoso e imprudente este acto pudo ser después de que Dios les había poderosamente liberado de los egipcios. Cuando Moisés regresó, le preguntó a Aarón: *¿Qué te hizo este pueblo? ¿Por qué lo has hecho cometer semejante pecado?* (Éxodo 32:21).

Observa cómo Moisés hizo la pregunta: *¿Qué te hizo este pueblo?* Aarón respondió: *Señor mío, no te enojes... Tú bien sabes cuán inclinado al mal es este pueblo* (v. 22). Estaba culpando del pecado a la gente, aunque él había estado a cargo. Aarón continuó: *Ellos me dijeron: "Tienes que hacernos dioses que marchen al frente de nosotros..."* (v. 23).

La respuesta de Aarón era un indicador de la debilidad del liderazgo. Las palabras "me dijeron" implican que sus decisiones estuvieron influenciadas, controladas y sujetas a las opiniones y deseos del pueblo. Ya no estaba liderando al pueblo, sino que había sido dominado por ellos. Este fue un liderazgo por medio de la voluntad de la mayoría.

Este tipo de gobierno es el principio fundamental de una democracia absoluta. A primera vista, pareciera atractiva, honorable y justa. Mi convicción personal es que la democracia es el mejor sistema que un hombre perdido haya desarrollado para salvaguardarse contra el abuso incontrolado por su compañero. Este es el mejor intento de proporcionar un sistema para gobernar a los pecadores. Sin embargo, la democracia, especialmente una democracia absoluta, no es el mejor modelo a seguir en la búsqueda de tu visión porque puede causarte el estar dominado por la muchedumbre y poner en peligro tus principios.

Primero, en una democracia, la autoridad fluye de abajo hacia arriba y no de arriba hacia abajo, como lo es en el reino de Dios. Segundo, la premisa misma de una democracia absoluta se presta al apaciguamiento de las masas en lugar de un compromiso con lo que es verdadero y correcto. En ocasiones, la democracia en acción puede necesariamente violar todos los principios para mantener su existencia. Un país con un gobierno democrático puede ser efectivo solo si su constitución se basa en principios correctos y está comprometida con ellos. Además, sus líderes deben estar comprometidos con estos principios. Si los líderes no están a la altura de sus propios estándares, la gente tampoco estará comprometida con ellos.

El reino de Dios es teocrático. Es decir, lo que Él diga se hace, aunque tú no estés de acuerdo. Esa es la manera en que Él funciona. Cuando Dios te llama a ser líder, Él te da su Palabra, y su Palabra es firme, no importa quién no esté de acuerdo con Él. Estoy consciente de todas las ideas y filosofías acerca del liderazgo que tenemos en nuestros países. En la jerarquía de la iglesia, especialmente, existen muchos tipos de gobiernos; pero cuando se trata de nuestras relaciones con Dios, no existe democracia.

¿Cómo se aplica este concepto al liderazgo de una organización o compañía? Permíteme hacer hincapié que esto no debe ser interpretado como querer decir que la necesidad de supervisión cooperativa y participativa debiera ser ignorada. Debe haber un ambiente de cooperación y trabajo en equipo para que haya éxito corporativo. Sin embargo, esto debe ser hecho dentro del contexto de una visión singular basada en los propósitos de Dios. Es importante entender que no puedes liderar a la gente cuando ellos te están liderando. De nuevo, si Dios dijo algo en su Palabra, tú lo haces, no importa quien esté en desacuerdo.

Si eres el tipo de líder que solo deja que las cosas pasen, no estarás en una posición de liderazgo por mucho tiempo. Tú puedes ser víctima de tus circunstancias o puedes mantenerte firme gracias a tus creencias y principios (aunque esto signifique el andar solo), y también tener fe y disciplina para soportar la presión de ponerse en riesgo.

SI LOS LÍDERES NO ESTÁN A LA ALTURA DE SUS PROPIOS ESTÁNDARES, LA GENTE TAMPOCO ESTARÁ COMPROMETIDA CON ELLOS.

TOMANDO LAS DECISIONES CORRECTAS

Nuestro mundo necesita líderes que sean gente disciplinada. Si necesitas ayuda para establecer disciplina en tu vida, pídela, pero no te detengas ahí. Toma los consejos dados y cambia tus acciones. Disciplina significa imponer directrices estrictas en *ti mismo*. En última instancia, no dejes que alguien más estipule los lineamientos para ti; establécelos tú mismo de acuerdo con la Palabra de Dios y los requerimientos de tu visión.

Cuando estés enfrentando una decisión moral o estés en un aprieto con la tentación, lo más fácil es decir: "Bueno, tal vez desaparezca". Eso no funcionará. Es "sí" o es "no". Cuando estás enfrentando una clara elección entre dos alternativas en la búsqueda de tu visión, puede que quieras demorar la decisión inevitable, o puedes probar asumir demasiado al escoger las dos. Eso no funcionará. Es una alternativa o la otra. Cuando quieres encontrar la manera más fácil en vez de sacrificarte por tu propósito, puede que te digas a ti mismo que no importa. Eso no funcionará. Es compromiso o fidelidad. La disciplina significa tomar la decisión correcta bajo presión.

La mayor forma de disciplinarse es la autodisciplina. De hecho, solo la autodisciplina ha ganado el derecho para disciplinar a los demás. Aquellos que han sobresalido en esta calificación se alzarán sobre la superficie de la vida y se ganarán el respeto de los demás.

once

COORDINA TUS RECURSOS

Los líderes eficaces aprenden a identificar y coordinar todos los recursos necesarios para satisfacer sus visiones. Monitorean de cerca las tres áreas importantes de sus obligaciones administrativas: (1) recursos de personal, (2) recursos financieros y físicos, y (3) planificación.

RECURSOS DE PERSONAL

Primero, un líder identifica los dones únicos, talentos y niveles de madurez de aquellos a quien él está guiando (incluyendo las fortalezas y debilidades). Siguiente determina el mejor lugar para ellos dentro de la organización, negocio o grupo. Estas habilidades son las claves para maximizar las contribuciones de la gente para la visión y para asegurar la productividad del liderazgo.

Las organizaciones existen en el contexto de las relaciones sociales. Tanto el conocimiento como la sabiduría son necesarios al colocar a la gente en equipos o posiciones particulares. Un líder es como el conductor de una orquesta que reconoce el valor y los sonidos únicos de cada instrumento, y el que posee la habilidad de colocar cada parte en una totalidad unificada y producir una armonía maravillosa. En cierto sentido, el líder "hace música" en una organización o en una sociedad. Los líderes ayudan a traer armonía a la estructura social al seleccionar buena gente, colocándolos para ganar, aclarando responsabilidades, dando oportunidades para que los dones sean ejecutados, monitoreando el progreso, dando guía y premiando las contribuciones positivas.

UN LÍDER IDENTIFICA LOS DONES ÚNICOS, TALENTOS Y NIVELES DE MADUREZ DE AQUELLOS A QUIEN ÉL ESTÁ GUIANDO

Una de las fortalezas de Ronald Reagan como líder fue su habilidad de identificar gente con gran talento, colocándolos en posiciones clave y dándoles la oportunidad para contribuir con sus experiencias y dones en la realización de una causa válida. Tenía la capacidad de "equipar" sus debilidades. En otras palabras, encontró gente con habilidades y experiencia para colocar en las áreas donde él carecía de habilidad o experiencia. Estos es coordinación de liderazgo.

Abraham Lincoln llenó su gabinete presidencial con sus enemigos políticos, y mucha gente pensó que este acto fue imprudente. Sin embargo, Lincoln, sabía las fortalezas personales de cada miembro del gabinete, y creyó que necesitaban ser nombrados en sus posiciones para que el país fuera gobernado efectivamente. En muy poco tiempo, casi todos estos hombres respetaron profundamente a Lincoln como persona y como extraordinario líder. Se volvieron miembros leales y efectivos del gabinete, en el tiempo más difícil de la historia americana. El ejemplo de Lincoln nos muestra que un líder fuerte no se amedrenta en buscar consejo y asistencia de aquellos que tienen opiniones contrarias a él, y que no rechaza las ideas sensatas aun cuando ellas vengan de aquellos que se le oponen.

RECURSOS FINANCIEROS Y FÍSICOS

Un líder necesita ser un administrador fiel de los recursos financieros y físicos que supervisa. Un administrador es alguien que cuida la propiedad de alguien más. Utiliza tus recursos en el mejor de los intereses de la visión dada por Dios y aprende a hacerlos productivos para que generen buen retorno.

Es importante para aquellos que aspiran ser líderes que aprendan primero cómo ser buenos administradores de sus recursos personales. Si tú no puedes ser un buen administrador de tus propios recursos, ¿Con qué más podrías ser confiable? Por ejemplo, si ganas 500 dólares a la semana, ¿cómo los estás administrando? Supón que se requiere dinero para una necesidad personal y te dan ese dinero. Si lo gastas en algo inútil, ¿cómo puedes ser confiable para manejar los recursos de alguien más o para la realización de tu propia visión? Los líderes tratan sus finanzas como recursos de Dios provistos para satisfacer las necesidades de sus visiones, no como medios para llenar sus vidas con lujos o cosas que no son esenciales. Sé fiel en lo que te han dado ahora, y serás confiable con más, más adelante.

En concreto, administrar es el manejo eficaz de energías, recursos y materiales hacia un objetivo válido. La palabra *manejar* significa la habilidad de coordinar y mantener control. Cualquiera que haya aprendido a tomar control de su vida puede moverse hacia la implementación de la visión.

PLANIFICACIÓN

Para coordinar todos sus recursos, un líder debe comprometerse en planificar. No puede solamente identificar su propósito; también necesita diseñar un plan para que lo lleve a su destino. Antes o durante el proceso de realizar su visión, un líder necesita planificar la participación de las personas y los recursos materiales que son necesarios. Al hacer esto, necesita preparar para corto y largo plazo.

Tan pronto tengas una clara visión en mente, evalúa las necesidades de tu visión y determina lo que requieres para realizarla ahora, el próximo año, en cinco años desde ahora, en diez años a partir de ahora, etc. Proverbios 16:9 nos asegura: *El corazón del hombre traza su rumbo; pero sus pasos los dirige el Señor.* Dios espera que tú, con su guía, hagas planes para tu visión. Este versículo implica que si no tienes un plan, Dios no puede dirigirte hacia su cumplimiento.

FORMULA UN PLAN

Como planteamos en el capítulo cinco, "Alcanza tu visión", el primer paso es escribir un plan concreto, incluyendo tu visión general, las metas y objetivos que necesitas cumplir para llegar ahí. Incluye fechas límites que especifiquen cuándo te gustaría cumplir ciertas etapas de tu plan. Algunas veces, la parte más dura es pensar con claridad a través de tu visión para que puedas hacer una lista de las particularidades para llevarlo hasta ahí.

Pero, trabajar en tu plan descuidadamente te proporcionará resultados decepcionantes.

ESPERA QUE TU PLAN REQUIERA DE AJUSTES

Algunas personas hacen un plan y luego tratan de seguirlo al pie de la letra, aunque se vuelve obvio que necesita hacerse modificaciones. Como enfaticé anteriormente, espera hacer algunos ajustes a lo largo del camino mientras continúas buscando de Dios y moviéndote mientras mantienes firme la visión general. Esto incluye hacer modificaciones en calendarios y fechas límite. Recuerda depender pacientemente en la guía y sabiduría de Dios en cada etapa del camino.

LA FUENTE DEL RECURSO

Todos los líderes deben reconocer que el Creador es la Fuente que deben buscar para los recursos que necesitan para cumplir su visión. Si tú solo buscas en los recursos que tienes en un momento dado, puede parecer como si tu visión nunca se realizará. Sin embargo, Jesús le garantizó a sus discípulos —y a nosotros— que podemos confiar en Dios para suplir nuestras necesidades.

> *Más bien, busquen primeramente el reino de Dios y su justicia, entonces todas estas cosas les serán añadidas. Por lo tanto, no se preocupen por el mañana, el cual tendrá sus propios afanes. Cada día tiene ya sus problemas.* (Mateo 6:33-34)

Un líder tiene suficiente preocupación diaria como para preocuparse en la provisión del futuro. Por supuesto, tú debes planificar para el futuro, pero planificar es una cosa, preocuparse es otra. Dios el Padre conoce todas tus necesidades. De hecho, lo sabe antes que tú porque Él determinó lo que te llamaría para hacer. Por consiguiente, confía en que todo lo que requieras será provisto en el momento correcto. Dios nunca te llamará para una tarea sin darte la provisión necesaria para cumplirla. Todos los recursos que necesitas estarán disponibles cuando los necesites al empezar a planificar e implementar tu visión.

doce

ESTABLECE TUS PRIORIDADES

En el capítulo diez hablamos acerca de cómo los líderes toman decisiones totalmente conscientes de sus consecuencias y su impacto en las metas deseadas. Al respecto, entender el principio de las prioridades es importante. Las elecciones que hacemos sobre cómo usar nuestro tiempo y dónde poner nuestros recursos tienen un enorme impacto en el logro de nuestros propósitos.

Manejar tus prioridades significa escoger lo que es importante entre muchas alternativas disponibles. Es identificar las metas y decisiones que te llevarán a tu destino. Pablo, apóstol y teólogo del primer siglo, expresó este componente crítico de priorización para una vida eficaz cuando escribió: *Todas las cosas me son lícitas, mas no todas convienen; todas las cosas me son lícitas, mas yo no me dejaré dominar de ninguna* (1 Corintios 6:12, RV60). Muchas cosas en la vida son buenas, pero tú debes determinar cuáles de ellas son las mejores para ti a la luz de tu llamado en el liderazgo.

Enfocarse en tu visión te protegerá de tratar de hacerlo todo. Tu mayor reto no será en tratar de determinar lo que es bueno contra lo que es malo, sino en lo que es la *mejor* elección contra lo que es meramente una buena elección. La prioridad es la base para la toma de decisiones efectiva.

Tu visión debe influenciar la manera que conduces tu vida entera para que priorices tus actividades y compromisos en mantenerse con la visión. Algunas veces, las elecciones que debemos hacer son abrumadoras, y podemos sentirnos presionados por otros para hacer las cosas que no son realmente necesarias. Para evitar el exceso de compromiso y para impedir ser enredados en actividades que nos distraigan, debemos establecer una jerarquía de prioridades.

TU VISIÓN DEBE INFLUENCIAR LA MANERA QUE CONDUCES TU VIDA ENTERA

¿QUÉ VIENE PRIMERO?

NUESTRA RELACIÓN CON NUESTRO CREADOR

Mantener una clara y abierta relación con Dios nuestra Fuente es nuestra primera prioridad. Él es el autor de nuestras vidas y el iniciador de nuestras visiones, y nosotros debemos procurar mantener una conexión vital con Él en todo momento.

> *Puesto que en él vivimos, nos movemos y existimos.*
> (Hechos 17:28)

LA RELACIÓN CON NUESTRAS FAMILIAS

La búsqueda de nuestras visiones no debería causarnos pasar por alto a nuestros familiares. Los líderes pertenecen a sus generaciones y no para ellos mismos. Este tiene un efecto directo en sus familiares, amigos cercanos y otros amados por ellos. Jesús mismo se encontró en esta situación a la edad de doce años, al quedarse a hablar con los maestros en el templo, Él tuvo que decirles a sus padres terrenales: *¿Por qué me buscaban? ¿No sabían que tengo que estar ocupado en los asuntos de mi Padre?* (Lucas 2:49). Sin embargo, Él siempre respetó a María y José. *Pero ellos no entendieron lo que decía. Así que Jesús bajó con sus padres a Nazaret y vivió sujeto a ellos* (vv. 50-51).

Las necesidades de tu familia no son negadas por las necesidades de tu visión. Al buscar a Dios y hacer planes para realizar tu visión, asegúrate de no haber abandonado tu responsabilidad más importante después de tu responsabilidad ante Dios. El líder debe ser cuidadoso para descubrir el balance entre servir a las personas y suplir para las responsabilidades de su familia y otras obligaciones. Por otra parte, es difícil que un líder funcione a menos que los miembros de su familia estén dispuestos a hacer algunos sacrificios. Esta es la razón por lo que es importante que el cónyuge entienda el llamado del liderazgo de su esposo o esposa.

Los miembros de tu familia puede que no siempre entiendan o apoyen tu visión. No obstante, esto no debería causarte el descuidarlos o rechazarlos. Además, al perseguir tu propósito y estar inspirado por tu visión, Dios te permitirá proveer para tu familia, y puede inspirarlos por medio de tu pasión para tu propósito. El apoyo de los familiares nos alienta y fortalece. Haz todo lo que puedas para compartir tu visión con aquellos cercanos a ti.

NUESTRAS OBLIGACIONES ACTUALES

Hasta que seamos liberados de nuestras obligaciones actuales, debemos cumplirlas lo mejor que podamos. Por ejemplo, si deseas dejar tu trabajo para buscar tu verdadera visión, debes permanecer como trabajador fiel en esa capacidad hasta que hayas sido relevado. También pueden existir otras áreas de obligaciones. Al priorizar tu visión, puedes empezar a eliminar elementos innecesarios o que te distraigan en tu vida. Algunas obligaciones puedes eliminarlas rápidamente. Otras pueden tomar algún tiempo.

AL PRIORIZAR TU VISIÓN, PUEDES EMPEZAR A ELIMINAR ELEMENTOS INNECESARIOS O QUE TE DISTRAIGAN EN TU VIDA.

PRIORIDADES ESPECÍFICAS PARA LA VISIÓN

Priorizar tu visión significa echar un vistazo honesto en cómo actualmente inviertes tu tiempo, dinero y otros recursos, y minuciosamente examinar cómo estos deberían ser reorganizados para disponerlos en el cumplimiento de tu propósito. Mientras esta separación pareciera ser difícil al principio, valdrá la pena cuando mires la recompensa de moverse hacia tu propósito.

> *Ciertamente, ninguna disciplina, en el momento de recibirla, parece agradable, sino más bien dolorosa; sin embargo, después produce una cosecha de justicia y paz para quienes han sido entrenados por ella.*
>
> (Hebreos 12:11)

Cuando puedes ver tu visión con claridad, eso te ayuda a reordenar tus prioridades para que puedas entrenarte, prepararte y proveer para tu visión.

CÓMO REORDENAR TUS PRIORIDADES

Las decisiones que tomamos revelan inevitablemente nuestras prioridades actuales. Por ejemplo, mientras nuestros cuerpos necesitan descanso adecuado, algunas veces usamos la fatiga como excusa para demorar el trabajo en nuestras visiones, mientras nos relajamos al frente de la televisión. Debemos darnos cuenta de que, probablemente, nunca habrá un tiempo "perfecto" para empezar a buscar nuestras visiones. Pero existe el tiempo correcto, ese es el presente.

Estos son algunos ejemplos de áreas en donde necesitas evaluar tus prioridades actuales. Luego, reordénalas, como sea necesario, para que vayan alineadas con tu visión. Decide nuevas prioridades que te llevarán a tu visión, tales como tomar clases, aprender más sobre finanzas o desarrollar una destreza. Date cuenta, por supuesto, que habrá "interrupciones" importantes en tu vida que necesitarán ser tratadas. No te programes a ti mismo tan rígidamente como para que un evento inesperado o emergencia te pueda arruinar toda tu vida. Prevé las emergencias y el equilibrio en tu vida, pero también planifica un progreso constante hacia tu visión.

Tiempo. ¿Cuánto tiempo estás invirtiendo en tu relación con Dios, tus relaciones con la familia, tu iglesia, trabajo, tipos de entretenimientos, deportes, voluntariado, pasatiempos, etc.? ¿Qué áreas necesitan más tiempo? ¿Cuáles menos tiempo? ¿En qué deberías estar invirtiendo tiempo para cumplir tu visión?

Conocimiento/Educación. ¿Qué conocimiento e información estás tomando? ¿Cómo está relacionada con tu propósito? ¿Qué conocimiento y educación específicos necesita para cumplir tu visión?

Finanzas y otros recursos. ¿En qué estás gastando tu dinero? ¿Dónde estás invirtiéndolo? ¿Cómo estás manejando otros recursos en tu vida? ¿Cómo el uso de tu dinero y otros recursos están relacionados a tu visión?

Salud. ¿Qué prioridades tienes con relación a tu salud, y cómo estas prioridades afectan tu visión?

EVITANDO LA PRESIÓN DE LOS COLEGAS Y EL DOBLE ÁNIMO

Anteriormente hablamos sobre la importancia de la toma independiente de decisiones para mantener la disciplina. Esta cualidad se aplica directamente para determinar las prioridades de la vida de alguien. Los buenos líderes son personas que pueden pensar por sí solos. No piensan independientes de Dios, sino de la opinión de las demás personas. ¿Puedes imaginarte cuál hubiera sido el resultado si Moisés hubiera solicitado la recomendación del pueblo al enfrentar los variados dilemas que los israelitas enfrentaron en el desierto? La nación nunca hubiera logrado llegar a la tierra prometida. Un verdadero líder no sigue a la muchedumbre. Dios usa a las personas que piensan de forma independiente. Los líderes no ignoran las opiniones de los demás; pesan el valor de todos los aportes y luego toman sus propias decisiones.

Hay un buen ejemplo de pensamiento independiente en la vida de Josué. Él llevó al pueblo de Israel a la tierra prometida después que Moisés murió, les dijo:

> *Pero si les parece mal servir al Señor, elijan ustedes mismos a quiénes van a servir: a los dioses que sirvieron sus antepasados al otro lado del río Éufrates o a los dioses de los amorreos, en cuya tierra ustedes ahora habitan. Por mi parte, mi familia y yo serviremos al Señor.*
> (Josué 24:15)

LOS LÍDERES NO IGNORAN LAS OPINIONES DE LOS DEMÁS; PESAN EL VALOR DE TODOS LOS APORTES Y LUEGO TOMAN SUS PROPIAS DECISIONES.

¡Eso es a lo que yo llamo un líder! Observa que él no negó que estaban disponibles otras opciones para los israelitas. Él no ignoró el hecho de que había otros "dioses" para servir, o que otras naciones tenían cosas que lucían atractivas. Simplemente dijo: *Por mi parte, mi familia y yo...* Él llegó a su propia conclusión. ¿Eres un pensador independiente?

Jesús mostró la cualidad de tomar decisiones independientes durante un encuentro con su familia terrenal. En Juan 7:1-9 sus hermanos intentaron influenciarlo para ir a Judea para darlo a conocer ante el mundo. Aun en la cara de su propia familia, Él declaró: *Para ustedes cualquier tiempo es bueno, pero el tiempo mío aún no ha llegado* (v. 6). Seguir el tiempo oportuno es parte de la determinación de prioridades.

Cuando la gente falla en progresar hacia el cumplimiento de sus visiones, con frecuencia se debe a que no han aprendido que priorizar crea límites *útiles* sobre sus elecciones. Las elecciones enfocadas son esenciales, porque te permite alcanzar tu destino.

trece

SÉ EL MENTOR DE TUS SUCESORES

Cada persona, desde su propia perspectiva, desea ser exitoso. El éxito se puede definir como la finalización eficiente y efectiva de una tarea asignada al nivel de expectativas de quien la asignó. Es decir, *el verdadero éxito es el cumplimiento del propósito original*. El éxito no es medido por lo que hayas hecho comparado con lo que otros hayan hecho, sino en lo que tú has hecho comparado con lo que deberías haber hecho.

Supongamos que yo contrato a alguien para limpiar mi casa y le pido que lave los platos mientras hago un mandado. Después que me voy, esa persona va a la cocina y empieza a limpiar el piso. Con gran intensidad y energía, friega y pule hasta que está inmaculadamente limpio y brillante. Complacido con su logro, sonríe al ver el piso tan limpio.

Cuando regreso, entro en la cocina y estoy profundamente impresionado y sorprendido por la excelente condición del piso. No veía ese brillo desde que construí la casa. Luego, al quitar mi mirada del piso, me desmayo al ver los platos en la misma condición que estaban cuando me fui. Esta historia ilustra el principio de que es posible hacer algo bueno sin hacer lo correcto.

MEDIDAS DEL ÉXITO

Hemos aceptado con certeza las medidas de lo que constituye el éxito del liderazgo en varios campos. He aquí algunos ejemplos:

Ejecutivo de industria: la cantidad de productos producidos y vendidos.

Vendedor: el logro o excedente de metas y cuotas de ventas.

Político: elección para el cargo.

Líder de congregación religiosa: la cantidad de miembros que asisten a la iglesia.

Inversionista: el nivel de retorno sobre el dinero invertido.

Atleta: la cantidad de carreras ganadas o metas alcanzadas.

General: la cantidad de batallas ganadas.

Cirujano: la cantidad de operaciones exitosamente completadas.

Maestro: la cantidad de estudiantes con un promedio de calificaciones altas.

¿Son estos resultados medidas verdaderas del liderazgo exitoso? Es posible hacer sincera y eficientemente un excelente trabajo del lado equivocado y, por consiguiente, fracasar. En la historia anterior, mi empleado no fue eficaz porque, aunque hizo algo bueno, no hizo lo correcto.

¿Cómo sabe una persona que está haciendo lo correcto? Lo correcto es algo que cumple su propósito. *El propósito es la intención original o el resultado predeterminado por un individuo. Es el final esperado.*

Es imperativo que sepas y entiendas el propósito de algo antes de asumir la responsabilidad de una tarea. Donde el propósito no es conocido, es inevitable el abuso, y son desperdiciados el tiempo, la energía y los recursos.

LA INFLUENCIA PERDURABLE DEL LÍDER

Describí el liderazgo como "la capacidad de influenciar a otros por medio de la inspiración generada por una pasión, motivada por una visión, nacida de una convicción, producida por un propósito". En este capítulo, exploraremos la influencia perdurable que los líderes deberían tener en los demás.

EL LEGADO DEL LÍDER

Mi convicción es que el propósito máximo del liderazgo en *cualquier* esfuerzo y en cualquier área, no es el cumplimiento de las metas o los logros de cuotas, sino el legado del líder a través de su sucesor. El liderazgo se concentra más en las personas que en los productos, más en la humanidad que en el dinero. El verdadero liderazgo es medido por la gente que "produces". Caso contrario, después que haya pasado esta generación, tu visión morirá contigo. Considera el siguiente escenario:

Cheryl trabajó para una cadena de tiendas que entregaba flores, pero tenía el sueño de abrir su propia floristería. Ella estaba motivada por la visión de dar bellos y razonables arreglos florales para familias y pequeños negocios. Sus talentos creativos, combinados con su sentido del negocio y destrezas, la hicieron estar bien situada para iniciar un pequeño negocio. Después de planificar cuidadosamente, dejó su trabajo, ejecutó su plan de negocio y empleó personal de apoyo. Los demás captaron su entusiasmo, y contrató a un equipo de gente joven, deseosa de aprender de su experiencia y habilidades. Su negocio funcionó y creció. Se sentía exitosa y realizada en su trabajo.

EL VERDADERO LIDERAZGO ES MEDIDO POR LA GENTE QUE "PRODUCES".

Cheryl estaba decidida a perpetuar su sueño, y se involucraba en cada aspecto de la compañía, aun después de diez años. Ella insistía en crear todos los diseños, que los empleados simplemente hacían. Pocas de las ideas de ellos fueron aceptadas. Su equipo original de felices trabajadores se volvió descontento por la falta de entrenamiento y responsabilidad. Cuando descubrieron que nunca realmente serían capaces de aprender el negocio, se fueron a buscar trabajo a otro lado. Esto golpeó los sentimientos de Cheryl; pero ella estaba decidida a contratar a otros para reemplazarlos. Realmente no podía entender el por qué había una constante rotación de su personal, pero ella disfrutaba el éxito de su compañía, aun mientras empleaba largas horas. El éxito de su compañía le dio la sensación de valor personal.

Cuando finalmente llegó el momento para que Cheryl se retirara, se dio cuenta de que todos sus empleados eran recién salidos de la secundaria y no tenían conocimiento profundo de flores o destreza general del negocio. No tenían experiencia con el diseño de arreglos, para ordenar suministros o contabilidad. Sus propios hijos se habían ido a otras ocupaciones porque tampoco tuvieron la oportunidad de aprender del negocio. Aunque Cheryl trató de interesarlos, ya ellos tenían sus propias carreras. Ella no pudo encontrar a nadie más que compartiera su visión para la compañía y quisiera proseguir su obra. Sus potenciales compradores, todos querían una franquicia de la cadena de tiendas que usaban arreglos de flores predeterminados. Al final, ella vendió su tienda a un comprador que quería usar su fachada, el equipo y los materiales para expandir su propia gran franquicia. Para Cheryl, el trabajo de su vida fue perdido en el momento que cerró la venta.

Cheryl quería crear un negocio exitoso que pudiera perdurar más allá de su vida, pero no se dio cuenta que, para perpetuar la visión, los líderes deben transferir el liderazgo a otros. Este principio de la transferencia de liderazgo es válido para cualquier contexto, ya sea en un negocio, en el gobierno, en la iglesia, en organizaciones sin fines de lucro o aun en una familia.

LA MAYOR INVERSIÓN

La mayor inversión en el liderazgo no está en las cosas sino en la gente. Aunque necesariamente estemos involucrados en una variedad de actividades para cumplir nuestras visiones, nosotros como líderes debemos preguntarnos: *¿En quién estoy invirtiendo para producir mejores líderes en el futuro y después de mi generación?* Permíteme volver a enfatizar que la inversión más valiosa que cualquiera puede hacer es en otra persona, no en una pieza o equipo.

Jesucristo nunca construyó un edificio, y nunca produjo un producto. Él creó *gente*. Se dice que los líderes que Él adiestró habían "trastornado el mundo entero" (Hechos 17:6). Crear líderes es el propósito más importante del liderazgo. No importa cuán grande es tu visión, es importante producir visionarios para que la prosigan. Tu meta no es *acumular seguidores* sino *adiestrar líderes*.

Para entender totalmente este propósito último del liderazgo, debemos explorar cómo se desarrolló el papel del seguidor y cuál debería ser el objetivo de quienes funcionan como seguidores. Este objetivo es también la meta del liderazgo.

EL ORIGEN DE LOS SEGUIDORES

La orden de Dios para que el hombre gobierne en el planeta estableció el hecho de que Él ha puesto dentro del hombre la capacidad y el potencial para cumplir este trabajo. El trabajo es la evidencia de que el potencial y la habilidad para liderar están dentro de todos nosotros. Fuimos creados para liderar: *tú posees la capacidad para ser un líder dentro de la esfera del propósito para el cual naciste*. Dios no creó seguidores; Él creó líderes.

Entonces, ¿de dónde vino eso de seguidores?

La violación de las leyes del Creador resultó en la corrupción interna del hombre y la pérdida del Espíritu de Dios dentro de él. Consecuentemente, perdió su posición porque el hombre fue creado para ser un líder guiado por el Espíritu de Dios; por consiguiente, aquello para lo cual fue creado para gobernar empezó a dominarlo. Él se volvió esclavo de su ambiente y fue incapaz de cumplir su propósito original.

La pérdida de la posición del hombre también abrió la puerta para que los seres humanos se dominaran unos a otros. Aquellos que fueron más fuertes, más inteligentes, más privilegiados o más manipuladores, empezaron a usar a los demás para sus propios propósitos; aunque, en realidad, todos fuimos diseñados para ejercer Su autoridad y dominio como una entidad colectiva en la tierra, trabajando juntos a medida que cada uno realizaba su propósito y tarea.

ETAPAS DE DESARROLLO DEL LIDERAZGO

Muchas personas hoy en día creen que su liderazgo debe ser medido por cuántas personas los ven o dependen de ellos, se jactan del hecho de estar en gran demanda por sus seguidores, y consideran esto como la evidencia de su eficacia. Usualmente la verdad es todo lo contrario.

Algunos de estos líderes usan la dependencia de sus seguidores para asentar y alimentar sus egos. Ellos de alimentan de las necesidades de los demás y, por ende, implementan programas y sistemas que perpetúen esta dependencia. En contraste, como vimos en el capítulo de facultar a los demás, el verdadero liderazgo guía a los seguidores a descubrirse a sí mismos y les inspira a llegar a ser aquello para lo que fueron creados.

Este principio es visto a lo largo de la creación. Dios creó todo para que se cumplieran tres fases de desarrollo de la vida:

- *Dependencia.* Todo ser viviente (ya sea el fruto, cuyo tallo está conectado a la rama del árbol, o el embrión humano que está unido al vientre de su madre) comienza la vida siendo dependiente de su fuente.

- *Independencia.* Todo ser viviente debe madurar hasta llegar a una fase en la cual se desliga de su fuente para expresar su propia individualidad e identidad. La fruta se madura y se cae del árbol; el embrión se desarrolla en un bebé, sale del vientre de la madre, crece y llega a ser independiente de sus padres.
- *Interdependencia.* Después de la independencia, todo ser viviente es responsable de contribuir para el desarrollo continuo y el desarrollo de su especie. Esto produce las semillas de reproducción de las cuales todas las especies dependen para su continuidad.

Un ser humano puede ser verdaderamente interdependiente solo después de haber llegado a ser independiente. La verdadera naturaleza del liderazgo es guiar a las personas desde la dependencia hasta la independencia, para luego inspirarlos a llegar a la interdependencia.

LA VERDADERA NATURALEZA DEL LIDERAZGO ES GUIAR A LAS PERSONAS DESDE LA DEPENDENCIA HASTA LA INDEPENDENCIA

CREACIÓN DE OTROS LÍDERES

El propósito del liderazgo es inspirar a cada seguidor a convertirse en un líder y alcanzar su potencial.

REDUCIR LA DEPENDENCIA

El verdadero líder mide su éxito y eficacia al disminuir el grado de dependencia que tienen sus seguidores en él. Mientras menos lo necesiten, más eficaz es él.

DESENVOLVER EL POTENCIAL DE LOS OTROS

En muchas ocasiones, Jesús expresó su expectativa en cuanto a la transición de seguidor a líder. En Mateo 28:18-19, Él declaró: *Se me ha dado toda autoridad en el cielo y en la tierra. Por tanto, vayan y hagan discípulos de todas las naciones.* Jesús obviamente no miraba la autoridad como un permiso para enseñorearse sobre los demás o para ejercer poder en los asuntos de los demás; más bien, la miraba como una vía para permitirle a los demás la libertad para desarrollar y alcanzar su pleno potencial. Él empleó a sus discípulos para luego poder desplegar sus habilidades de liderazgo.

DÁNDOSE CUENTA DE LA VERDADERA NATURALEZA DEL VALOR DE UN LÍDER

La mayoría de los líderes han llegado a apegarse tanto a sus posiciones que han permitido que dichos cargos se vuelvan sinónimos de su calidad y valor. Esto es lo que ocurrió con la historia de Cheryl. Ella falló en ayudar a sus empleados a desarrollar sus propios potenciales, pues ella pensó que era la única que podía ocupar su cargo y, por ende, contaba con su posición para llenarse de autoestima

Los verdaderos líderes separan su autoestima de sus posiciones o cargos. Ellos no confunden su valor con el de sus profesiones, o su autoestima con sus asignaciones. Siempre están conscientes de que las tareas son dispensables, pero el aprecio es permanente porque proviene del Creador.

Una falta de transferencia de liderazgo es un problema que puede hallarse en todas las áreas de la vida: política, religiosa, cívica, negocios y familia. Debido a que es una de las áreas más débiles de la práctica del liderazgo, existen muy pocos ejemplos de la vida real que podamos usar. Una de las razones principales para esto es que las personas se sienten como si estuvieran "doblegando" su liderazgo cuando transfieren autoridad a los demás.

Algo de lo que debemos darnos cuenta es que no *doblegamos* nuestro liderazgo. Lo *concedemos*. Si lo doblegas, es como si hubieras *perdido* algo. El concederlo significa que has *continuado* algo.

Dos ejemplos interesantes de ser líderes mentores y de transferencia de liderazgo en el mundo contemporáneo son Billy Graham y Nelson Mandela. Billy Graham exitosamente entregó el liderazgo de la Asociación Evangelística Billy Graham a su hijo Franklin, después de ser su mentor y de claramente identificar a su sucesor para esa organización. Nelson Mandela eficazmente transfirió la presidencia de África del Sur a Thabo Mbeki, el sucesor de quien él había sido mentor. Esto ocurrió sin que hubiera un golpe de estado y sin los problemas que pudieron haber acompañado el cambio de poder durante la segunda elección democrática después del fin del *apartheid*.

PROMUEVE "MAYORES COSAS"

El propósito de muchas personas está siendo detenido porque otras personas no les ayudan a desarrollarse como líderes y tampoco dejan campo para ellos.

Si eres un líder que está adiestrando a otras personas para que continúen con la visión, entonces estás preparando futuros líderes. Este es el propósito fundamental, la filosofía y el enfoque para el cual Dios nos creó. Se supone que nosotros debemos hacer espacio para que otros se conviertan en líderes. El brillante matemático y físico, el caballero de la realeza, Isaac Newton, escribió: "Si he visto más allá que ciertos otros hombres, es porque me he colocado en los hombros de gigantes".[23]

FORMACIÓN: DE SEGUIDORES A LÍDERES

Los verdaderos líderes llevan a sus seguidores al liderazgo y se vuelven cada vez más innecesarios. Su gozo es ver a otros levantarse en integridad y fortaleza, maximizando su potencial en Dios y cumpliendo a cabalidad con su habilidad de liderazgo. Este es el propósito del liderazgo.

Una medida significativa de la eficacia de tu liderazgo es el nivel de productividad de tu iglesia, negocio, escuela, organización o gobierno cuando tú estás ausente. Si tu presencia es requerida para que tus seguidores funcionen, entonces seguramente tu liderazgo es débil. Puesto que el propósito del liderazgo es inspirar a otros a ejercer su capacidad de liderazgo, *eres un líder exitoso cuando tus seguidores pueden liderar a otros.*

La prueba máxima de la eficacia del liderazgo no es cuánta gente te sigue sino cuántas personas están siendo influenciadas por aquellos a los que tú has adiestrado. Puesto en palabras simples, el éxito sin un sucesor es fracaso.

PARTE 3

EJERCIENDO LIDERAZGO SOBRE TU VIDA

INTRODUCCIÓN A LA PARTE 3

Muchas personas entran en el liderazgo con gran entusiasmo, pero poco entendimiento de las dinámicas que este conlleva. No estamos preparados para manejar todas las responsabilidades del liderazgo a la vez. Como hemos visto, la preparación para el liderazgo incluye el desarrollar carácter y el ganar experiencia.

La madurez es indispensable para un buen liderazgo. Tú debes ejercer liderazgo sobre tu vida si es que deseas tener un proceso continuo al convertirte en un líder. Los capítulos en la parte tres proveen pautas adicionales para desarrollar el carácter y las calificaciones necesarias para el liderazgo.

Al identificar y desarrollar estas áreas de tu vida, fortalecerás tu habilidad de liderazgo y serás más eficaz en cumplir tu visión. Comienza a cultivar las cualidades que están en ti. Toma esta responsabilidad con integridad y fidelidad.

En posiciones de responsabilidad, no existe lugar para el carácter que no ha sido probado. Si deseas ser un líder, ten la disposición de ganar experiencia con el tiempo, y entiende que tienes que calificar para recibir la confianza de los demás. No apresures las cosas. Tú tienes el potencial para ser un líder, tal vez no sea hoy o quizá tampoco mañana. Todos los grandes líderes son producto del tiempo y de los trofeos obtenidos en las batallas de la vida.

De hecho, Jesús dijo que si no somos fieles en lo poco, no puede ponernos a gobernar en lo mucho (véase Lucas 12:42-48). Muchas personas quieren pasar de la cuna al trono instantáneamente. Ellos quieren ser el líder, el presidente o el pastor ahora mismo. Jesús mismo gozaba de treinta años antes de entrar de lleno en su ministerio. En aquel tiempo, las personas no vivían tanto como lo hacen hoy en día, así es que esa edad era el equivalente a la mediana edad.

TODOS LOS GRANDES LÍDERES SON PRODUCTO DEL TIEMPO Y DE LOS TROFEOS OBTENIDOS EN LAS BATALLAS DE LA VIDA.

Finalmente, recuerda que la mayoría de los grandes líderes de la historia fueron personas como tú. No necesariamente fueron más inteligentes, más sabios o dotados, sino que tuvieron una pasión por la vida, lo cual era motivada por un propósito y un sentido de destino. Ellos desarrollaron y maximizaron sus potenciales de liderazgo. ¿Estás listo para hacer lo mismo?

catorce

LIDERAZGO ESPIRITUAL Y MORAL

Todo verdadero líder tiene un fuerte compromiso espiritual. Si deseas convertirte en un líder eficaz, debes fortalecer tu relación con tu Creador y continuar desarrollando tu vida espiritual.

Es la responsabilidad del líder asegurar la confianza y el compromiso de sus seguidores al cumplir con los principios morales, éticos y espirituales. Es esencial que el verdadero líder sea vigilante en guardar su espíritu, mente y cuerpo de cualquier compromiso que lo haga indigno de confianza e irrespetuoso ante los ojos de los demás. Él necesita cumplir con los más altos principios de honor, integridad, moralidad y autorrespeto. Debe comprometerse con las normas y disciplinas espirituales y éticas para que no haya cabida a la imposición de disciplina externa.

La madurez espiritual, por naturaleza, incorpora muchas de las cualidades que tú necesitas como líder. Busca desarrollar estos y otros aspectos del liderazgo espiritual y moral.

LIDERA DE ACUERDO CON EL ESPÍRITU DE DIOS

¿Buscas liderar conforme a tus habilidades, o buscas a Dios para hallar sabiduría y fortaleza? Fuimos creados para funcionar por medio del Espíritu de Dios. Por lo tanto, si cualquier otro espíritu influye en nuestras vidas, seremos incapaces de llegar a ser o de funcionar como los líderes que fuimos diseñados para desarrollar. Al igual que un automóvil fue diseñado para funcionar con gasolina, si una persona no está llena de esta fuente necesaria de "energía", dicha persona no podrá desarrollar efectivamente el propósito que Dios le ha dado.

DESARROLLA UNA ACTITUD DE SERVICIO

¿Buscas servir a los demás o a ti mismo? El principio del liderazgo no es para el "servicio propio". Va opuesto a la ambición egoísta, ambición que no toma en consideración a los demás. Si deseas convertirte en un líder para ganar fama, respeto, reconocimiento o importancia, o para ejercer poder sobre otros, esa es una ambición egoísta, y puede terminar en autodestrucción. Eso viola el principio del respeto y el valor de las personas.

El principio fundamental del verdadero liderazgo debe comenzar en el corazón: *De la abundancia del corazón habla la boca* (Mateo 12:34). El peligro de la ambición desacertada y no controlada fue manifestado en un clásico caso hace más de dos mil años durante un intercambio entre Jesús y sus discípulos, momento que fue anotado en Marcos 10:35-37. Los hermanos Jacobo y Juan le pidieron a Jesús: *Concédenos que en tu glorioso reino uno de nosotros se siente a tu derecha y el otro a tu izquierda* (v. 37). Codiciaron una posición de liderazgo y poder para ellos mismos, en vez de hacerlo con el propósito de servir a los demás.

El gran Líder de líderes usó la ocasión de esta petición irresponsable e insensible para enseñar una de las lecciones más importantes acerca de los motivos y la actitud del verdadero liderazgo:

LA MOTIVACIÓN DEL LÍDER ES LA DE ASEGURAR EL BIENESTAR DE AQUELLOS A QUIENES SIRVE.

Como ustedes saben, los que se consideran gobernantes de las naciones oprimen al pueblo y los altos oficiales abusan de su autoridad. Pero entre ustedes no debe ser así. Al contrario, el que quiera hacerse grande entre ustedes deberá ser su servidor, y el que quiera ser el primero deberá ser esclavo de todos. Porque ni aun el Hijo del hombre vino para que le sirvan, sino para servir y para dar su vida en rescate por muchos.

(Marcos 10:42-45)

La motivación del líder es la de asegurar el bienestar de aquellos a quienes sirve. El líder debe sentirse emocionado y entusiasmado al cumplir con su propósito y misión en la vida. Algunas personas piensan: *A menos que haga cierta cantidad de dinero, yo no trabajaré en ese lugar*; o: *No hay gloria ni dinero en eso, entonces escogeré una carrera diferente*. Procura mantener un corazón dispuesto y un deseo ardiente para servir de acuerdo con tu visión en vez de preocuparte por hacer mucho dinero en la vida.

Evalúa tu motivo personal para el liderazgo. ¿Estás dispuesto a servir? ¿Estás dispuesto a ser paciente? ¿Estás dispuesto a decir, "estoy disponible"?

SÉ TÚ MISMO, SÉ HUMILDE

Alguien que desea ser un líder no debe dejarse engañar por la gloria, prominencia o beneficios de dicha posición. Un verdadero líder posee un dominante espíritu de humildad. De forma constante está consciente de que la oportunidad de liderar a otros a un mejor futuro es un esfuerzo en común y no un ejercicio de heroísmo personal. Si deseas ser un líder, necesitas una mezcla de intrepidez y fortaleza templada con humildad.

¿Qué es humildad? Humildad es la habilidad de ser uno mismo. La palabra *humilde* se deriva de la raíz latina *humus,* la cual significa "tierra". *Humildad* denota tener los pies sobre la tierra, o tener conciencia de la verdadera esencia de uno mismo. Tú no puede "decidir" ser humilde, se trata de algo que realmente es. Los líderes son individuos que han descubierto su verdadero "yo" y conocen quiénes son. Por ende, *los verdaderos líderes son humildes por naturaleza,* en todo el sentido de la palabra.

Si tienes que decir "soy humilde", entonces no lo eres. Cuando la gente te dice que es humilde, eso probablemente comprueba que ellos son orgullosos. Una prueba de tu humildad es cuando alguien se te acerca y te dice "sabes qué, eres agradable, tú no te crees más que nadie. Estimas a los demás mucho más alto que a ti mismo". Con respecto a esto, Pablo escribió: *No hagan nada por egoísmo o vanidad; más bien, con humildad consideren a los demás como superiores a ustedes mismos* (Filipenses 2:3-4). La humildad es una cualidad del carácter que resulta del amor y la misericordia de Dios en nuestras vidas.

Un líder humilde también estará dispuesto a hacer los trabajos que nadie más quiere hacer. Si algo tiene que ser hecho, alguien con verdadera humildad entrará en acción y lo hará. Él lo hará con gozo y de la mejor manera posible, ya que entiende la importancia de terminar la obra.

Antes de que Jesús fuera arrestado, Él y sus discípulos compartieron la Última Cena. Era costumbre de aquellos tiempos que antes de que la comida fuera servida, un siervo lavara los pies de los invitados que llegaban. Al llegar Jesús y los discípulos, no había siervos disponibles; aun así, sus pies debían ser lavados.

Puedo ver a los discípulos discutiendo acerca de quién debía hacer esta penosa labor. Mientras ellos discutían, Jesús tomó una toalla y una palangana, y comenzó a hacer la labor Él mismo. Los discípulos quedaron enmudecidos de la sorpresa. Jesús captó la atención de ellos, y ellos aprendieron una lección importante sobre el verdadero significado del liderazgo.

Una vez más, la humildad es conocer quién eres tú y aceptarte sin jactancia. Las personas pueden sobreestimarse en secreto a sí mismas, esto llega al considerar la alabanza de los hombres como medida de su valor propio. Con frecuencia, el orgullo de las personas es evidencia de su pobre autoconcepto y una baja autoestima. Ellos piensan que se pueden elevar a sí mismos al desvalorizar a los demás.

Algunas veces las personas piensan que los demás no pueden funcionar sin ellas. Considera esta situación: cuando Phil llegó a ser gerente en su compañía, él comenzó a pensar que la compañía no podría seguir sin él. Incluso durante las reuniones, él expresaba la idea en voz alta preguntando "¿qué harían sin mí?". Un miércoles, a él le dio un ataque al corazón y murió. Todos estaban tristes esa semana. Ellos enviaron las condolencias a su esposa y fueron al funeral el sábado. Sin embargo, para el siguiente martes, la compañía ya había empleado a alguien que lo reemplazara, esta persona tomó la oficina de Phil exactamente una semana después de que él falleciera. Este tipo de situaciones ocurre todo el tiempo. La compañía dice "la vida sigue", y rápidamente se olvida de la persona que salió.

Los verdaderos líderes siempre están conscientes de que son simples eslabones en una larga cadena histórica. Ellos tienen el privilegio momentáneo y la corta oportunidad de servir a sus generaciones con los dones que han recibido, y tienen la obligación de preparar a otros para que los reemplacen. Están conscientes de que le deben cualquier cantidad de éxito o logro a Dios y a las contribuciones de los demás. Nunca se olvidan de donde salieron, y viven para llevar a otros hasta donde ellos han llegado.

DISPOSICIÓN AL SACRIFICIO

Cualquiera que se preocupa por elevar su propio estrato social, gloria y objetivos, no es un verdadero líder. Jesús estableció la centralidad del autosacrificio en su declaración: *El que se aferre su vida la perderá; y el que pierda su vida por mi causa la encontrará* (Mateo 10:39).

Para convertirte en el líder que estás destinado a ser, debes tener disposición al sacrificio. Recuerda que los verdaderos líderes no solamente hallaron un propósito y un objetivo por el cual vivir, sino que también hallaron una visión por la cual morir. La grandeza en la vida es hallada en la disposición de morir a ti mismo, a tus placeres y a tu ambición personal, por causa de su visión.

El autosacrificio ha sido una cualidad de muchos líderes a lo largo de los años:

- fue manifestado en los discípulos de Jesús, los cuales fueron todos perseguidos, y la mayoría asesinados por haber sido sus seguidores y por llevar a cabo su misión;
- fue observado en la vida de Corrie ten Boom, su padre y su hermana, quienes sacrificaron su libertad, salud y vidas bajo los nazis para poder salvar a otros de la muerte;
- fue demostrado por la Madre Teresa, quien dejó una posición segura en la pedagogía para cuidar de los mendigos y leprosos, para poder así restaurarles su dignidad;
- fue demostrado en la vida de Nelson Mandela, quien recién salido de la escuela de leyes, con una esposa y un futuro prometedor, dejó su carrera para pasar veinte años en prisión, todo en nombre de una convicción para liberar a su pueblo de la opresión.

Muchas veces en tu desarrollo espiritual, el Señor te pedirá hacer cosas que pudieras considerar desagradables en el momento. Puede que eso sea un corto viaje misionero a una nación donde tu comodidad personal pueda ser desafiada. Puede que digas: "Señor, creo que cometiste un grave error". Dios hace eso porque Él está tratando de edificar tu carácter y sacar tu desobediencia. Él quiere tener toda su confianza en ti. Si has sido desobediente en las cosas pequeñas, Él no te puede confiar algo grande.

CULTIVA UNA ACTITUD DE GRATITUD

Un líder vive en un constante estado de gratitud hacia su Creador, por su amor y provisión, y por la oportunidad de proseguir hacia su propósito y visión. Pablo fue un hombre lleno de acción de gracias y de mucha gratitud:

> *Dando siempre gracias a Dios el Padre por todo, en el nombre de nuestro Señor Jesucristo.* (Efesios 5:20)

El tener una actitud de gratitud hacia Dios y los demás te dará fortaleza y paz, eso dará también un tono positivo a tu liderazgo. ¿Tienes un espíritu de gratitud y de acción de gracias?

DEMUESTRA QUE ERES DE FIAR

A los verdaderos líderes se les busca al pedirles consejo y ayuda en situaciones delicadas. Daniel demostró esta cualidad. Cuando mencionamos en Daniel, pensamos en el foso de los leones. Pero Daniel era tan bueno en su trabajo que el rey lo puso por sobre los otros administradores. Por supuesto, esto los puso celosos, y comenzaron a buscar alguna corrupción en su vida. El v. 4 dice: *No pudieron encontrar corrupción en él, porque era digno de confianza y no era negligente ni corrupto.* ¿No sería maravilloso trabajar con alguien que no fuera negligente, sino alguien que mantuviera su palabra? La fiabilidad y la confianza son cualidades esenciales en el liderazgo.

LA FIABILIDAD Y LA CONFIANZA SON CUALIDADES ESENCIALES EN EL LIDERAZGO.

Un líder confiable también tiene buena reputación. Por eso, el que desee ser usado en el liderazgo debe cuidar de su reputación. ¿Cuántos líderes hoy en día tienen buena reputación? Si pudieras pasar desapercibido en tu lugar de trabajo y escucharas a las personas con las que trabajas ¿qué dirían de ti? ¿Cuál es tu reputación?

LIDERAZGO NATURAL Y ESPIRITUAL

El liderazgo genuino es un matrimonio de las cualidades naturales y espirituales que producen un carácter bien integrado. No obstante, cuando las cualidades naturales dadas por Dios a un líder son ejercidas en el liderazgo sin haber sido sometidas a la influencia espiritual, entonces resulta el abuso y la autodestrucción.

Las cualidades "naturales" pueden ser definidas de dos maneras. Una definición se refiere a la inherente dotación, dones y habilidades que son dados al nacer (por ejemplo, las características físicas tales como la altura, el tener oído para la música, el tener buena coordinación para jugar deportes, o el ser paciente por naturaleza). La segunda definición se refiere a las actitudes y cualidades de líderes que no son directamente influenciados por las prioridades y el poder del Espíritu de Dios.

J. Oswald Sanders, en su libro *Liderazgo Espiritual*, enumeró algunas diferencias entre el liderazgo natural y el espiritual.

LIDERAZGO NATURAL	LIDERAZGO ESPIRITUAL
Confiado en sí mismo	Confiado en Dios
Conoce al hombre	También conoce a Dios
Toma sus propias decisiones	Busca la voluntad de Dios
Ambicioso	Humilde
Crea métodos	Sigue el ejemplo de Dios
Disfruta dar órdenes	Se deleita en obedecer a Dios
Busca recompensa personal	Ama a Dios y a los demás
Independiente	Depende de Dios[25]

La lista de Sanders indica las diferencias básicas entre un individuo que intenta liderar *sin* tener una relación con Dios y otro que lidera *debido* a esa relación. El líder natural "conoce al hombre" y el líder espiritual "también conoce a Dios". Con todo, la persona espiritualmente afinada experimenta un continuo ciclo de aumento de conocimiento de Dios y del hombre.

quince

LIDERAZGO INTELECTUAL Y FÍSICO

Debes adiestrarse intelectual y físicamente para cumplir con los propósitos de tu visión. Este autoentrenamiento es un proceso de toda la vida para asegurar tu eficacia, tu continua resistencia y la máxima culminación del propósito en tu vida.

LIDERAZGO INTELECTUAL

BUSCA EL CONOCIMIENTO

¿Cuán eficaz será un profesor si llega al aula y pregunta a sus alumnos qué debería enseñar? Si los estudiantes no saben nada y el profesor no sabe nada, ¿cómo se logrará el aprendizaje? Los líderes son inherentemente maestros. Si piensas liderar, necesitas tener algo que valga la pena decir y demostrar a los demás.

Los verdaderos líderes constantemente buscan el mayor conocimiento que les ayude a cumplir con sus visiones. Si deseas convertirte en un líder eficaz, debes entregarte al estudio y nunca graduarte de la universidad de la vida.

Los líderes no siempre pueden permitirse esperar que otros lleguen y les enseñen. *Con frecuencia, ellos deben iniciar su propio aprendizaje*. Mientras más sepan, más se darán cuenta de que todavía necesitan aprender. Ellos son curiosos y siempre están haciendo preguntas que les ayuden a entender el mundo y las personas que viven en él. Constantemente desarrollan nuevas destrezas y nuevos intereses que les permitirán ejecutar sus visiones.

SI PIENSAS LIDERAR, NECESITAS TENER ALGO QUE VALGA LA PENA DECIR Y DEMOSTRAR A LOS DEMÁS.

Muchas personas quieren ser líderes, pero nunca están en posición de aprendizaje. Usan todo tipo de excusas, tales como "he estado trabajando duro" o "estoy muy ocupado". Entonces, ellos se preguntan por qué no son usados de manera efectiva.

Inicia tu propio aprendizaje enfocándote en lo que ya sabes para impulsar tu visión. En la actualidad, la mayoría de las personas, especialmente en el mundo occidental, no pueden usar la excusa de no poder encontrar un maestro. En las librerías, bibliotecas, y especialmente en internet, existen cientos de libros y material que nos puede edificar en lo espiritual, en lo emocional y en lo intelectual, y nos pueden enseñar lo que necesitamos saber. Existen programas televisivos y en línea o *podcasts* que nos pueden ayudar a aprender y a crecer, así como cursos de educación continua en universidades estatales, y cursos universitarios en línea. Muchos de estos recursos pueden ser usados gratuitamente.

Los grandes líderes aman el conocimiento, no solamente lo absorben. No debemos solamente absorber el conocimiento como conocimiento mismo. Es la aplicación decidida del conocimiento y los principios que derivamos de este lo que nos capacita para liderar eficazmente. Siempre permanece abierto a aprender y a crecer; y a medida que lo haces, serás usado más y más.

APLICA SABIDURÍA A TU CONOCIMIENTO

Segundo, no solamente debes obtener y aplicar el conocimiento, también debes combinarlo con la sabiduría. En cierta ocasión hablaba con un graduado universitario, pero no parecía llevarse bien con los demás en su empleo. Él tenía conocimiento, mas no sabiduría con respecto a llevarse bien con sus compañeros de trabajo. La sabiduría no debe ser confundida con la educación.

Proverbios 4:7 dice: *La sabiduría es lo primero. ¡Adquiere sabiduría! Por sobre todas las cosas, adquiere discernimiento.* La sabiduría es la habilidad de usar el conocimiento eficazmente. Es tener un claro conocimiento de cómo varias partes y principios se relacionan entre sí. Eso significa tener una perspectiva clara.

La sabiduría nos protege de abusar del conocimiento al capacitarnos para aplicarlo apropiada y efectivamente. Nos ayuda a poner nuestro conocimiento en un contexto que nos ayude tanto a los demás como a nosotros mismos. *[La sabiduría] es más valiosa que las piedras preciosas: ¡ni lo más deseable se le puede comparar!* (Proverbios 3:15). Este versículo indica que tú puedes recibir el más grande honor académico y todavía ser insensato. La sabiduría es más importante que los logros académicos. ¿Quieres ser líder? Busca la sabiduría, la disciplina y el entendimiento.

La sabiduría es vital para nosotros, porque cuando cometemos un error, esta demuestra en qué nos equivocamos y nos enseña cómo hacer las cosas de forma correcta en el futuro. La sabiduría también nos ayuda a evitar el cometer errores. El libro de Proverbios ofrece sabiduría tanto para el joven como para todos los faltos de sabiduría.

¿QUIERES SER LÍDER? BUSCA LA SABIDURÍA, LA DISCIPLINA Y EL ENTENDIMIENTO.

Muchas personas tienen conocimiento, mas no todos tienen sabiduría o sentido común. Muchas personas tienen información, pero no tienen revelación. Las Escrituras enseñan que la sabiduría proviene de lo Alto (véase Santiago 3:17). La verdadera fuente de la sabiduría es Dios.

> *Instruye al sabio, y se hará más sabio; enseña al justo, y aumentará su saber. El comienzo de la sabiduría es el temor del Señor; conocer al Santo es tener discernimiento.* (Proverbios 9:9-10)

Un líder debe entablar una relación dinámica con la Fuente de sabiduría y usar la sabiduría que recibe aplicándola en su vida.

PIENSA CREATIVAMENTE

Tercero, los líderes deben ejercer un pensamiento creativo para llevar a cabo sus visiones, para tratar con los demás en situaciones que a veces son delicadas, y para confrontar las circunstancias difíciles. Debemos aprender a pensar creativamente en una variedad de situaciones, debido a que cuando el líder quiera avanzar en su visión o se enfrente a obstáculos, él necesita crear sus propias circunstancias y ambiente. De otra forma, puede que él se convierta en víctima de su situación.

El rey Saúl se permitió a sí mismo volverse víctima de sus circunstancias. Miles de filisteos acampaban en las colinas, eran tantos que cuando los vieron parecían tan numerosos como colonias de hormigas. Ellos estaban armados con cuchillos, dagas, lanzas y escudos. Y además de eso tenían a un campeón, Goliat, de más de dos metros, quien gritaba, insultaba y amenazaba al pueblo de Dios. Saúl sintió que todas las circunstancias estaban contra él. De hecho, dijo algo así: "¡Vaya, ese sí que es un hombre *alto*! ¡No podemos matarlo!". Los israelitas "se acobardaron y tuvieron gran temor" (1 Samuel 17:11, LBLA).

Posteriormente apareció el joven David. Él oyó lo que Goliat había vociferado; sin embargo, él creó sus propias circunstancias. En síntesis, preguntó: "¿Cómo se atreve Goliat a desafiar a Dios? ¡Déjenme que yo lo enfrente!" (véase 1 Samuel 17:26). Imagínate a un muchachito poner en vergüenza al rey y a los mejores de sus soldados. David caminó hacia Goliat y dijo: "Hoy tendré tu cabeza. La voy a cortar y a entregarte a ti como alimento para los pájaros". Goliat se echó a reír diciendo: "¿Quién es este chiquillo que viene a avergonzarme en frente de mi pueblo? Vayan y tráiganme a un hombre". David respondió: "Lo estás viendo", y así derrotó a Goliat y le cortó la cabeza (véase los vv. 41-51). David, sin duda, cambió las circunstancias.

¿Qué haces cuando todo parece estar en contra tuya? ¿Actúas como Saúl diciendo "vaya, este es un gran problema, nunca saldremos de esto"? ¿Dices algo como "todos tienen trabajo menos yo; no hay más trabajos en la ciudad, voy a vivir en la pobreza"? Si es así como piensas, entonces estás viendo solo las circunstancias. ¿Por qué no confeccionas tus propias circunstancias?

Cuando estaba en la universidad, tuve un compañero de habitación llamado Steve. Cuando terminaba su último año se le acabó el dinero. ¿Sabes lo que él hizo? Pidió prestada la podadora de un amigo y comenzó a podar césped para poder ganar dinero. Después de la graduación, escuché de un amigo mutuo que Steve había fundado su propia compañía y hacía más de 100 000 dólares al año. Cuando pregunté qué tipo de empresa era, mi amigo respondió "una compañía de podar césped". Él había confeccionado sus propias circunstancias. Tenía una voluntad firme y constante, y no permitió que la situación lo devorara.

Tú puedes ejercer tu creatividad de varias formas. Una manera de adiestrar a tu cerebro a pensar creativamente es aprendiendo cómo los demás han logrado avanzar pensando en nuevas formas y probando nuevos métodos. Averigua cómo los líderes de manera eficaz han resuelto situaciones complicadas y restaurado relaciones rotas. El pensar creativamente te llevará a un nuevo territorio en el cual puedas cumplir con tu propósito y visión.

LIDERAZGO FÍSICO

Los líderes deben también ejercer su liderazgo en relación con sus cuerpos físicos. El liderazgo puede resultar una carga fuerte para los líderes. A menudo tienen que trabajar más arduamente, muchas más horas, más intensamente e ir más allá del llamado del deber para ser eficaces. No hay forma de lograr todas estas cosas sin ser afectados por el estrés, la fatiga mental y las exigencias físicas. Por ende, los líderes deben mantener un grado excepcional de vigor y energía física si es que quieren continuar motivando e inspirándose a sí mismos y a los demás involucrados en su visión.

HAZ EJERCICIO Y LLEVA UNA DIETA SANA

Para promover su salud y bienestar, un verdadero líder se comprometerá a llevar un programa de ejercicio físico y una dieta sana, y se comprometerá a cumplir con él. Si no tienes esos planes ya dispuestos, concierta una cita con tu médico y empieza un programa de salud que te permita hacer progresos paulatinos hacia tus metas. Las dietas demasiado estrictas y rápidas, y las sesiones de ejercicio excesivo no te servirán. Debes desarrollar un programa efectivo que puedas mantener.

ROMPE LOS HÁBITOS POCO SALUDABLES

El aplicar el liderazgo al ámbito físico de tu vida también conlleva el romper con hábitos que socavan tu salud. El romper con un mal hábito conlleva integridad personal y deseo de romper con ese mal hábito. Si con la ayuda de Dios posees la fuerza interior para romper esos hábitos profundamente arraigados, tales como el dejar las cosas para más tarde, la glotonería o el dormir demasiado, entonces comenzarás a aprovechar el potencial de liderazgo que está dentro de ti.

Cualquiera que desee ser un líder debe darse cuenta de que su cuerpo es como un palacio en el cual vive el Espíritu de Dios. Tú no llegas a un palacio y empieza a tirar basura, ¿o sí?

Entonces, ¿por qué pondrías basura en el palacio de tu cuerpo? Creo que nuestra sociedad se ha rendido a la tentación en esta área. Nuestros cuerpos han pasado a ser vertederos de basura. La comida chatarra llena nuestros estómagos, el humo del cigarrillo llena nuestros pulmones, y el licor satura nuestros riñones e hígados. Si estás llamado a liderar, debes ejercer autocontrol y ser disciplinado con lo que llevas a tu cuerpo.

EL APLICAR EL LIDERAZGO AL ÁMBITO FÍSICO DE TU VIDA TAMBIÉN CONLLEVA EL ROMPER CON HÁBITOS QUE SOCAVAN TU SALUD.

Este principio se aplica a cualquier hábito. Algunas personas no fuman, pero comen demasiado. No saben cómo decir, "no, gracias". El tomar liderazgo en esta área de tu vida significa que debes aprender a decir *no* a lo que socavaría tu salud, y a decir *sí* a lo que te edificaría y fortalecería a medida que sirves a Dios y a los demás.

dieciséis

LIDERAZGO EMOCIONAL

Los verdaderos líderes demuestran madurez emocional. El aprender a controlar sus emociones y relacionar con los demás de manera positiva es una de las áreas más importantes del desarrollo del liderazgo. He aquí algunas cualidades a desarrollar para poder ser un líder emocionalmente sano y seguro.

SIÉNTETE SEGURO EN TU AUTOESTIMA

BUSCA LA APROBACIÓN DE DIOS EN VEZ DE LA ADULACIÓN DE LAS PERSONAS

Un líder que se conoce bien no depende de los demás para validar su autoestima. Los líderes deben ser cuidadosos de no fomentar y aceptar en sus seguidores una sobreestimación de sí mismos, especialmente si llegan al punto en que ellos, y no la visión, pasan a ser el centro de atención. Cuando un líder insta a dicha adulación, con frecuencia eso es una manifestación de inseguridad. Un verdadero líder entiende que cualquier medida de popularidad que tenga es simplemente una reacción temporal de las personas a sus dones y posición, y eso no refleja quién es él como persona. Él se preocupa más por agradar a Dios que por ser popular entre las personas. Él no confunde el aplauso con la afirmación.

EVALÚESE DE ACUERDO CON SU PROPIO PROPÓSITO, NO EL DE LOS DEMÁS

Un líder que es seguro en su autoestima tampoco se evalúa a la luz de los demás. Es natural medir el éxito del liderazgo por los logros de los objetivos. Sin embargo, podemos ser tentados a medir nuestro éxito *comparándonos* con los logros de los demás. Al hacerlo así, eso puede llevarnos al desarrollo de un espíritu celoso. *Un verdadero líder no mide su éxito comparándose con los demás sino evaluando cómo él está realizando su propio propósito y visión.*

Si estás seguro de tu tarea en la vida, entonces estás libre de competencia, comparación y, por ende, de celos. Guarda tu corazón y mente del espíritu destructivo del engaño y la envidia.

CULTIVA LA CUALIDAD DE UNA MENTE ABIERTA PARA CON LOS DEMÁS

Aquellos que son seguros de su autoestima también poseen la cualidad de tener una mente abierta. Ellos son capaces de compartir sus ideas y razonamiento, manteniendo también un respeto genuino por las ideas de los demás. Tienen la habilidad de aceptar las opiniones, personalidades, caracteres, posiciones y estratos de los demás sin sentirse inseguros o tratar de ejercer control sobre los demás. No obstante, no se dejan manipular fácilmente por el comportamiento de otros, como tampoco ofender. Ellos no poseen un espíritu negativo y enojadizo que repentinamente pierde el control y se encoleriza.

Cuando las personas dicen cosas que te irritan, ¿te enojas inmediatamente? Si es así, eso es indicación de una habilidad de liderazgo inmadura. Ten presente que en el momento en que te conviertes en un líder, también te conviertes en blanco de los demás.

Algunas veces las personas dicen "¡fulano de tal me puso tan enojado!". En realidad, nadie en toda la tierra tiene potestad de hacerte enojar. Si yo te pongo enojado, entonces yo te controlo en esa área, y si te controlo, entonces tú no estás ejerciendo control sobre ti mismo. Cuando las personas dicen cosas despectivas acerca de nosotros, está en nosotros decidir si vale o no la pena enojarse por lo que dicen. Si una persona siempre está bajo el control de los demás, no puede ser usada en el liderazgo.

TEN PRESENTE QUE EN EL MOMENTO EN QUE TE CONVIERTES EN UN LÍDER, TAMBIÉN TE CONVIERTES EN BLANCO DE LOS DEMÁS.

EVITA TENERLE MIEDO AL HOMBRE

¿Te dejas intimidar fácilmente por otras personas? ¿Te comparas con las habilidades y logros de los demás? Dios te creó único y tiene un plan para tu vida, y tú no tienes que sentirte inferior a nadie más. Para convertirte en un líder, debes poseer un profundo sentido de seguridad, el cual representa el reconocimiento de tu identidad en Dios, de su autoestima, de tu ancla emocional y de tu fortaleza personal.

¿Cómo te comportas cuando estás con tu jefe? ¿Dices lo que quieres? ¿O dices lo que tú crees que él quiere oír? Si tienes que hablarle a tu jefe acerca de algo que tienes en mente, ¿piensa en ello por doce meses, llegas hasta la puerta y luego dices "déjeme pensar un poco más"? ¿O vas directamente con una actitud de respeto y dices lo que está en tu mente? Sé valiente. Por supuesto, la sabiduría y la discreción son necesarias en dichas circunstancias. Sin embargo, algunas personas nunca actúan de manera valiente porque desde ya creen que van a ser rechazados o que el fracaso es inevitable.

Valentía quiere decir establecerse en su propia fuerza. Por años y años acostumbraba a orar por fortaleza. ¿Adivina qué? Nunca alcancé ni una onza. ¿Por qué? Porque toda la fortaleza que necesito ya la tengo. ¿Sabes de dónde proviene tu fortaleza? Del gozo. *El gozo del Señor es [nuestra] fortaleza* (Nehemías 8:10). Tú no puedes orar pidiendo fortaleza antes de encontrar tu gozo. No se supone que lo que ocurre en este mundo afecte tu gozo, ya que el verdadero gozo viene de adentro. El gozo es el secreto de nuestra fortaleza.

La valentía ha sido descrita como hacer lo que te da miedo hacer. Thomas Jefferson dijo: "Un hombre con valentía es mayoría". Las cicatrices adquiridas por ejercer tu valentía nunca te harán sentir inferior.

DEBES MANTENERTE FIRME BAJO LA OPOSICIÓN

Al igual que un líder debe ejercer valentía moral en vez de entregarse a tener miedo al hombre, él también debe ser capaz de mantenerse firme cuando esté bajo diferentes tipos de oposición. Si aceptas el llamado al liderazgo, debe disponerte a ser mal interpretado, criticado, estar en contra, acusado e incluso rechazado. Los grandes líderes a menudo no son reconocidos o apreciados por sus contemporáneos, sino más bien por las generaciones siguientes. Si dependes o necesitas el acuerdo de todos los que te rodean para sentirte seguro, nunca serás un líder eficaz. Los verdaderos líderes provocan el cambio, y el cambio por su naturaleza engendra conflicto y resistencia. A medida que lideres, inevitablemente hallarás oposición. Esto no necesariamente significa que estés equivocado, esto indica que estás desafiando a otros a cambiar.

Las Escrituras nos dan muchos ejemplos de personas que han resistido la oposición a medida que han cumplido con los propósitos de sus vidas. Job experimentó un intenso sufrimiento espiritual, emocional y físico, pero mantuvo su integridad y su confianza en Dios. Su esposa lo menospreció por sus convicciones, le dijo: *¡Maldice a Dios y muérete!* (Job 2:9). Sus amigos lo juzgaron, asumiendo que él había hecho algo malo, pues ellos no representaban la naturaleza ni los caminos de Dios con exactitud (véase Job 42:7). Cuando tienes convicción, debes esperar crítica y rechazo. Y algunas veces esa crítica y rechazo pueden llegar de los familiares y amigos cercanos.

Si piensas que debes estar exento de toda crítica, no mereces que se te dé una posición de liderazgo. La crítica es común en todos los líderes, nadie se escapa de ella. Incluso me atrevería a decir que una de las pruebas de liderazgo es la crítica. La misma naturaleza del liderazgo eficaz conlleva el tomar una posición en asuntos, tomar decisiones y determinar una dirección.

Con frecuencia, la crítica es manifestación de celos, inseguridad o miedo de otras personas, y debería ser vista como una respuesta normal y humana al cambio. Los verdaderos líderes no son emboscados por la crítica; más bien ellos a menudo la ven como una oportunidad positiva para probar sus convicciones y compromiso. Si no quieres ser criticado, entonces decide no hacer nada en la vida; pero si estás listo para recibir críticas, has hecho gran progreso en tu preparación para el liderazgo.

PREPÁRATE PARA ESTAR A SOLAS

TOMA TIEMPO PARA ESTAR A SOLAS

Debido a que el líder es el que tiene la visión y ve el fin desde el comienzo, él debe vivir el proceso y a la misma vez poner un ojo en el destino. Él tiene la máxima responsabilidad del progreso de la visión, trabaja tras bastidores haciendo lo que nadie más puede. Un líder debe enfrentarse al inevitable cambio de cumplir con las exigencias que llegan con el liderazgo. Esto envuelve la necesidad de tomar decisiones cruciales, a veces con limitaciones de tiempo y presión externa.

Cierto grado de soledad llega con estas responsabilidades. A pesar del hecho de que un buen líder delega, él está consciente de que hay decisiones que solamente él puede tomar. Esto puede sumar una pesada carga en su capacidad emocional, psicológica y física. Pocos seguidores pueden apreciar esta difícil responsabilidad en un líder.

Algunas veces, los líderes son aislados por las circunstancias más allá de su control. En muchos casos es durante ese tiempo que los líderes encuentran su verdadero yo. Moisés se halló a sí mismo en el desierto cuando tuvo un encuentro con Dios y descubrió quién era él realmente, y cómo Dios quería que realizara su sueño. Jesús llegó a aceptar su propósito mientras ayunaba en el desierto al comienzo de su ministerio, y más tarde mientras oraba en el huerto de Getsemaní, justo antes de su crucifixión. Es en el aislamiento y la soledad que puedes descubrir o renovar tu asignación o tarea.

TIENES QUE SER CAPAZ DE QUEDARTE SOLO

Los líderes no solamente deben ser capaces de *estar* a solas en todo momento, sino que también deben ser capaces de *quedarse* solos. Jesús fue abandonado por sus discípulos durante su más grande hora de necesidad; aun así, Él se mantuvo firme y vio su propósito cumplido.

Muchas veces es necesario que un líder vaya en contra de la aprobación de su propia familia. Si te ves tentado a ceder para poder recibir la aprobación de los demás, no lo hagas. Los verdaderos líderes no son controlados por las opiniones de los demás. ¿Estás dispuesto a tomar una postura por la verdad y por los principios correctos, manteniéndote comprometido con tu propósito aun cuando debas quedarte solo? *Si no estás dispuesto a quedarte solo en tu visión, pocos estarán dispuestos a quedarse contigo.*

LOS VERDADEROS LÍDERES NO SON CONTROLADOS POR LAS OPINIONES DE LOS DEMÁS.

EVIDENCIA: "PODER CONTROLADO"

Un líder también debe ser gentil y manso. Algunas personas piensan que la mansedumbre es igual a la debilidad.

Mansedumbre quiere decir "poder controlado" o "poder sin abuso". Significa tener la habilidad de usar el poder sabiamente. Esto es importante, ya que muchas veces los líderes se ven tentados a abusar del poder. El minuto que ellos reciben autoridad sobre las personas, comienzan a sentir que pueden utilizarlos y controlarlos. Cuando eres líder, debes ser una persona gentil. Espera para aceptar algún liderazgo hasta que hayas desarrollado un carácter gentil, hasta que sepas que tienes influencia, pero no abusarás de ella.

El tener una naturaleza gentil también quiere decir que un líder no será un exhibicionista. Algunas personas son insistentes. Puede que se te acerquen y digan: "¿Sabes quién soy yo? Soy el honorable doctor fulano de tal, con un doctorado en x... y... z...". Con esto sugieren que tendrías que actuar de cierta forma cuando ellos están presentes. El ser gentil significa que tú no tienes que decirles directamente a las personas "yo soy el líder". Eso no es gentileza; eso es inseguridad. Otra cualidad de un líder gentil es que evita la pelea. ¿Sabes cuán difícil es trabajar constructivamente con una persona conflictiva?

Asimismo, los líderes gentiles trabajan calladamente con la confianza de cumplir con la asignación para sus vidas sin tener que mirar alrededor para ver quién los está observando. Ellos no son personas que desean que los demás vean lo que ellos hacen. Eso es orgullo. Los líderes saben que lo que ellos hacen es importante, más no tienen que gritarlo a los cuatro vientos.

TEN UN ESPÍRITU PERDONADOR

Los verdaderos líderes se sienten seguros en su relación con Dios, de modo que pueden perdonar y pedir perdón sin dudar.

Puede que una persona sea herida por otra; y diez años más tarde, cuando la primera ve a la segunda, todavía quiere desquitarse. Si albergas falta de perdón, estás negando la posibilidad de ser usado eficazmente por Dios.

Los verdaderos líderes perdonan y nunca guardan resentimientos. Además, ellos no se sienten superiores cuando descubren las debilidades de los demás. Ellos son conscientes de que también tienen debilidades. Los verdaderos líderes se dan cuenta de que el comportamiento y el potencial son dos cosas diferentes, y ellos creen en el potencial escondido que hay en todas las personas. Creen en la habilidad que los otros tienen para cambiar. Ellos se sienten agradecidos por sus bendiciones y son capaces de perdonar a los demás sus ofensas con naturaleza y compasión.

EJERCE FE EN MEDIO DE LA ADVERSIDAD

Un buen líder tiene la habilidad de mantenerse en calma en momentos de crisis. En cierta ocasión, cuando Jesús y sus discípulos estaban en un bote, Jesús se durmió y se les vino una tormenta. Aunque los discípulos tenían potencial de liderazgo, Jesús demostró su liderazgo al mantener control sobre sus emociones, ejercer fe y tratar rápidamente con la crisis (véase Mateo 8:23–27).

Los líderes mantienen su paz en medio de la adversidad, no porque ellos nieguen que esta exista, sino porque tienen confianza en su propósito, en su profundo compromiso con su visión, y una total confianza en su fuente divina y en el potencial que Él ha colocado en ellos. Los verdaderos líderes nunca son restringidos por las limitaciones naturales. Ellos ven más allá de las restricciones y estrechan lo imposible.

Imagínate que tu jefe te dice "estamos perdiendo dinero; esta compañía va a cerrar". En ese momento probablemente pienses: *Voy a perder mi trabajo, voy a ser despedido o ser parte de la reducción de personal.* Un buen líder es siempre optimista, aun en medio de las dificultades. Él busca por formas creativas de resolver los problemas y tiene fe en la provisión de Dios.

Cuando te encuentras en situaciones negativas, ¿qué haces? Dices: "¿Oh, Señor, por qué me pusiste aquí? Te he servido todos estos años y mira lo que has hecho. ¿Por qué se quemó mi casa? ¿Por qué perdí mi trabajo?". Esa no es la actitud de un líder eficaz.

Necesitamos hablar de nosotros mismos al igual que Dios habla de nosotros. De hecho, Él dice: *Muchas son las angustias del justo, pero el Señor lo librará de todas ellas* (Salmos 34:19). En vez de preocuparte por la aflicción en la que estás, comienza a pensar en cómo Dios te levantará. Un buen líder mantiene la fe aun en medio de la adversidad. Él es optimista. Su actitud determinará su altitud.

UN BUEN LÍDER ES SIEMPRE OPTIMISTA, AUN EN MEDIO DE LAS DIFICULTADES.

¿Puedes mantenerte calmado en los tiempos de crisis? ¿Puedes ejercer tu fe en medio de la adversidad? ¿Puedes entregarle tus circunstancias a Dios y observar cómo Él fielmente provee? Sigue preguntándote: *¿Estoy desarrollando las cualidades de un líder?*

diecisiete

LIDERAZGO RELACIONAL

Todo líder debe aprender a entablar relaciones interpersonales con los demás. Si deseas ser un líder, necesitarás desarrollar la habilidad de inspirar a las personas y de trabajar con ellas a medida que progresas hacia tu visión.

INSPIRA CONFIANZA Y AMA A LAS PERSONAS

Un buen líder es alguien en quien la gente confía. ¿Eres capaz de asegurar la confianza y el apoyo de los demás? Si es así, entonces estás en camino a ser un líder. Las personas te tendrán confianza a medida que desarrolles algunas de las cualidades que ya hemos presentado: si estás comprometido con tu propósito, eres fiel en las cosas pequeñas, y estás dispuesto a sacrificarte por tu visión.

Los líderes son amistosos y abiertamente invitan a las personas a entrar en sus vidas. Ellos no temen darse a los demás porque se sienten seguros de sí mismos. Tienen una comprensión y una actitud abierta que hace a los otros sentirse bien. Los verdaderos líderes se preocupan sinceramente por las personas, tienen una actitud incondicional, y siempre buscan el potencial dentro de las personas. Ellos son capaces de decir la verdad con amor y sensibilidad, atraen a las personas porque expresan un espíritu de aceptación, y no juzgan, ellos dan el beneficio de la duda. Del mismo modo, hacen que las personas sean conscientes de su importancia y valor. Ellos ven a todas las personas como iguales y procuran sacar a luz lo mejor de cada persona.

¿Buscan las personas tu compañía? Una persona antisocial con toda seguridad no se convertirá en un buen líder eficaz. Hay "líderes" que pueden hablarte, pero no se agradan de ti. La preocupación de ellos se extiende hasta donde se pueda para conseguir lo que tú puedas darles. Ellos no quieren saber cómo estás, solamente quieren ponerse en pie delante tuyo y ejecutar su función. No obstante, el líder llamado por Dios llega a amar a las personas. Tú realmente no puedes ayudar a las personas si sientes que no te agradan. La Biblia dice: *El buen pastor da su vida por las ovejas* (Juan 10:11).

Un verdadero líder solo ama, no es prejuicioso. Él trata a todos de la misma manera porque todos tienen necesidades, problemas y heridas similares. ¿Qué es lo que todos necesitamos? El hombre negro, el hombre blanco, el haitiano, el coreano, el indio, el chino, el japonés, el ruso, el americano, el bahamés, todas las personas necesitamos amor y respeto, al igual que tú y yo. Un buen líder sabe cómo amar a las personas tal como son y sabe cómo guiarlas hacia lo que deben ser.

PROMUEVE LA PAZ Y LA RECONCILIACIÓN

Un líder es alguien que mantiene la paz y también la restaura una vez que ha sido rota. Una función importante de la conciliación del liderazgo es la habilidad de descubrir un terreno común entre los puntos de vista opuestos para luego inducir a ambos lados a aceptarse. Esta habilidad proviene de la sabiduría, y la sabiduría proviene de la Palabra de Dios.

"Los verdaderos líderes inspiran a otros a llegar a ser mejores; ellos engendran un sentido de expectativa y confianza con respecto al comportamiento que se convierte en una fuente de autodisciplina de parte de los seguidores".[27] Si los demás se reprochan cuando te desilusionan, entonces lideras por inspiración. Pedro, después de haber negado a Jesús, demostró esta vergüenza. Los líderes no son severos al corregir a los demás, por eso más adelante Jesús restauró a Pedro con perdón y bondad.

Existen muchos líderes jóvenes y ambiciosos que tiene un buen corazón, pero una mala cabeza. Tienen los mensajes correctos, pero usan los métodos equivocados. Ellos siguen creando enemigos cuando deberían promover la paz, la cooperación y la reconciliación.

ALIENTA A LOS DEMÁS

La actitud de un verdadero líder es alegre, placentera y optimista. Es entusiasta, da esperanza y cree. Esta actitud es contagiosa y actúa como un campo magnético, sacando lo mejor de las personas.

Debido a que los líderes creen en otras personas, ellos siempre extienden un espíritu de aceptación. Un líder que alienta no es señor de los demás. Hay líderes que te hacen sentir como si fueran sus dueños. Tú no puedes hacer nada sin su permiso. Debes rendir cuentas de a dónde fuiste y qué has estado haciendo.

De hecho, no te pedí que leyeras este libro, lo escogiste por decisión propia. Los verdaderos líderes se comprometen a dar aliento a los demás y a ayudarles a llegar a ser lo mejor que puedan ser. Ellos hallan gozo y placer en ver a los demás desarrollarse, desenvolver su potencial y convertirse en líderes.

MANEJA LAS FALLAS CONSTRUCTIVAMENTE

En toda organización y ministerio, existen oportunidades para fallar, y algunas personas fallan. Los líderes necesitan darse cuenta de que todos somos capaces de fallar. En vez de hacer que las personas se sientan degradadas e inútiles, debemos animarlas y decirles "vean, no hicieron esto bien, permítanme mostrarles cómo hacerlo bien".

Lo primero que las personas dicen después de haber cometido un error es "nunca valdré la pena para nada. Mi padre siempre me dijo que era un fracasado, y mis maestros me llamaban estúpido". Entonces, ellos se sientan en un charco de fracasos y se revuelcan en él. Algunas veces se quedan en ese charco por años.

LOS LÍDERES NECESITAN DARSE CUENTA DE QUE TODOS SOMOS CAPACES DE FALLAR.

Cuando las personas fallan, un buen líder no los trata como fracasados, los corrige y trata de ayudarles a aprender de sus errores para que la próxima vez hagan mejor las cosas. Existen muchas personas que te "cancelarán" después de que hayas cometido un error. Ellos no quieren hablar contigo nunca más; no quieren estar cerca tuyo; te hacen a un lado porque no quieren tratar contigo. Eso es una mala manera de sostener una relación. Una vez más, los líderes separan el comportamiento de las personas del valor que estas tienen, y no confunden ese valor con sus situaciones presentes.

Pedro negó a Jesús cuando Jesús fue arrestado y llevado a juicio. Después de la crucifixión y resurrección, Jesús pudo haber reprendido y rechazado a Pedro; sin embargo, fue muy amable con él. Jesús sabía que Pedro había hecho mal. Él sabía que Pedro le había fallado, pero usó esa oportunidad para demostrarle cómo ser un líder. Él fue directo, pero dijo la verdad con amor. De hecho, después de la resurrección de Jesús, un ángel instruyó a María y a las otras mujeres que fueran a decirles a los discípulos de Jesús que se encontraran con Él en Galilea, y además dio una indicación para asegurarse de que Pedro fuera específicamente incluido.

Proverbios 17:27 dice: *El que es entendido refrena sus palabras; el que es prudente controla sus impulsos*. El refrenarse significa que aunque quieras expresar tu desagrado en términos no muy adecuados, no lo haces. Un líder sabio y conocedor ejerce paciencia y autocontrol, aun cuando sienta el deseo de azotar a alguien con su lengua. Los líderes eficaces siempre buscan la opción de que ambos lados ganen, pues respetan el valor de todas las personas.

Si quiere ser un líder en el reino de Dios, debes saber cómo tratar eficazmente con tus fracasos y con los fracasos de los demás. Mira los fracasos como lecciones y sigue adelante. No le des demasiada importancia a los fracasos ni permitas que definan quién eres. Los buenos líderes instan a las otras personas a salir de sus fracasos. Eso es importante. Si te pasaste de la salida de la carretera de la vida, no continúes en dirección contraria. Detente, vira y sigue por el carril correcto. Recuerda, *el fracaso es solamente un desvío temporal y nunca debe ser una dirección permanente.*

EPÍLOGO

Te animo a encauzar tu vida en un curso de entrenamiento de liderazgo que te capacite para convertirte en un líder excepcional que tu generación pueda y quiera emular. La realización de tu potencial de liderazgo va unida a tu disposición para comprometerte a refinar, desarrollar e incorporar el carácter y las características del liderazgo en tu vida. Debes comprometerte a *convertirte en un líder.*

Muchas personas meramente continúan sentadas en casa, esperando que alguien llegue y los promueva a hacer algo mejor. Ellos se quedarán sentados por años, esperando, y morirán esperando. No permitas que te ocurra lo mismo.

Nuestro mundo sufre por falta de liderazgo, pero cada uno puede ayudar a cambiar esta situación. Tú tienes dentro de ti la habilidad de llegar a ser un agente de cambio en tu era. No esperes a que alguien más tome la responsabilidad de tu futuro. Levántate de esa silla de seguidor y entra en la escuela de liderazgo, pues es la voluntad de Dios que te conviertas en líder y guíes a otros a alcanzar todo su potencial en Él. No te conformes con nada que no sea lo mejor de ti mismo. Si aceptas este desafío, entonces lee este libro una y otra vez hasta que seas lleno del deseo y el conocimiento para llevar a otros al liderazgo.

Levántate y dilo fuerte: "¡Quiero hacer algo en esta tierra!". Descubre el propósito y la visión de Dios para tu vida. Luego, ¡levántate en fe y *hazlo*!

EL TIPO DE LÍDER QUE DEBES LLEGAR A SER

Procura desarrollar continuamente todo tu potencial de liderazgo para llegar a ser lo siguiente:

- un líder responsable,
- un líder que crece,
- un líder ejemplar,
- un líder que inspira,
- un líder eficaz,
- un líder que se preocupa,
- un líder que se comunica,
- un líder orientado a las metas,
- un líder decidido,
- un líder que trabaja,
- un líder que unifica,
- un líder competente,
- un líder guiado por el gran Líder de líderes, ¡Jesucristo!

La calidad de los líderes del mañana yace en el carácter de los líderes que se adiestran hoy.

—Dr. Myles Munroe

UNA PALABRAS AL TERCER MUNDO

Hoy en día existen, aproximadamente, unos ocho billones de personas en el planeta Tierra, un gran número de los cuales vive en países y condiciones que han sido etiquetados como el "tercer mundo". Este término fue acuñado por un economista francés que intentaba describir los diferentes grupos de personas alrededor del mundo, basado en su estado socioeconómico. Ya sea que este término sea válido o no, es generalmente aceptado como descripción o forma de identificación de millones de personas.

Yo nací (y todavía vivo) en una parte del mundo que se dice, cabe dentro de esta categoría. El término se aplica a los pueblos que no participaron o que no se beneficiaron de la Revolución Industrial. A una gran cantidad de estos pueblos no se les permitió aprovechar dicha revolución, pues estaban subyugados en ese momento, siendo utilizados para alimentar la base económica de esa revolución. Muchos de ellos fueron reducidos a esclavos y a siervos ligados por contratos, papeles que les robaron sus identidades, dignidad, autoestima y autorrespeto.

A pesar de los cambios en las condiciones y una gran medida de libertad e independencia, muchos de estos pueblos todavía luchan con su identidad y sentido de aprecio. Muchas de las naciones que progresaron y se desarrollaron a lo largo de la Revolución Industrial han reforzado (por medio de actitud, política y legislación) la noción de que estos pueblos tercermundistas no poseen el potencial para cultivar las habilidades, inteligencia y sofisticación necesaria para acercarse o igualar a aquellos estados industrializados.

Con este prejuicio y mal concepto en mente, deseo decirles a todos los pueblos del tercer mundo (ya sea que estés en África, Asia, América Central o en cualquier otra región): que tu potencial es ilimitado y no puede ser medido por las opiniones de los demás. Posees la habilidad de alcanzar, desarrollar, lograr, producir, crear y realizar casi todo lo que tu mente conciba. Dios te creó con todo el potencial que necesitas para cumplir con sus propósitos en esta vida.

ABNEGACIÓN SIN HABILIDAD

Históricamente los pueblos tercermundistas siempre han sido buenos trabajadores, dedicados, abnegados y altamente sensibles. Muchos de ellos son producto de la opresión y se les ha inculcado un sentido de timidez, una falta de confianza en sí mismos y un espíritu de dependencia. En muchos casos fallan en darse cuenta de la capacidad de liderazgo potencial que hay en ellos.

En la mayoría de los países del tercer mundo, el sistema del colonialismo llevó consigo el elemento deshumanizante de fomentar la dependencia y de robarle a los individuos el aspecto esencial del desarrollo creativo. Este sistema debilitante también produjo súbditos con entrenamiento básico para el servicio, pero no para la productividad.

Básicamente, se les enseñó a las personas a cultivar la caña de azúcar, pero no a producir el azúcar. Se les enseñó a sembrar algodón, pero no a tejer el telar. El resultado fue perpetuar la dependencia, ya que incluso después de que fueron "liberados", o como algunos les llaman "emancipados", se les dejó con la materia prima, pero sin las habilidades para transformarlas en un producto terminado.

De hecho, se les dejó con el afán de la libertad, mas no con la habilidad para el desarrollo. Es por esta razón que muchas naciones tercermundistas todavía hoy experimentan gran dificultad y desorden. Los estados industrializados que una vez les colonizaron han mantenido un sentido de control y superioridad que de por sí se manifiesta en una sofisticada forma económica, en vez de un colonialismo político.

Las naciones del tercer mundo todavía son guiadas a buscar en los estados desarrollados su propia norma de calidad y excelencia. Esto engendra un sentido de falta de respeto y sospecha para con sus propios productos, como también una negación al gran potencial que yace adormecido en estos grandes pueblos.

Esta falta de confianza y negación al potencial fue también transferido al tercer mundo por iglesias, a través de sus esfuerzos misioneros. Muchas iglesias en todos los países tercermundistas son producto de misiones con sedes en el extranjero, y en la mayoría de los casos dependen de la organización "madre". Este factor de dependencia continuó hasta el momento de la independencia nacional, dejando muchos ministerios sin líderes bien adiestrados, confiados, competentes y aptos.

Incluso hoy en día, a pesar del hecho de que muchas de estas organizaciones eclesiales tienen líderes calificados y capaces, todavía existe la noción de que la presencia del elemento extranjero es necesaria para mantener la excelencia y la calidad.

No obstante, hay una fresca brisa de responsabilidad que sopla a lo largo de los países del tercer mundo, la cual está gestando un sentido de destino y propósito en el corazón de estos pueblos. Este despertar del espíritu de responsabilidad se está dejando sentir en todos los ámbitos: político, social, económico y espiritual. Es, por lo tanto, de suma importancia que los pueblos tercermundistas busquen la fortaleza y el potencial que yace muy profundamente en ellos, y estableciendo un renovado compromiso con el Creador, Jesucristo, se preparen para el refinamiento de sus habilidades. Eclesiastés 10:10 declara: *Si el hacha pierde su filo y no se vuelve a afilar, hay que golpear con más fuerza, pero la sabiduría lleva al éxito.*

Es mi deseo que todo hombre, mujer, niño y niña de cada nación y raza llegue a darse cuenta de que el tremendo potencial y la capacidad para realizar su grandeza yacen adormecidos dentro de ellos.

EL VERDADERO LIDERAZGO ES LIBERTAD

Gandhi dijo que nadie es realmente libre sino hasta que todos sean libres. Este concepto es la meta del liderazgo. Mucho de lo que llamamos "libertad" no es libertad, sino simplemente un permiso dado por el opresor para que los otros lleguen a ser alguien. Eso no es libertad. Si la fuente de tu libertad es otra persona o un grupo, entonces eres tan libre como ellos se lo permitan. La libertad no puede ser dada por otra persona.

La verdadera libertad es producto de la verdad y no de la legislación. Expresando el concepto de Dios acerca de la libertad Jesús declaró: *Y conoceréis la verdad, y la verdad os hará libres* (Juan 8:32, RV60). En síntesis, Él vio la verdadera libertad como resultado de la verdad acerca de ti mismo y de los demás. En otras palabras, nadie te puede dar el "derecho" de ser libre. La libertad no es algo que recibes; es algo que te acontece. Los hombres libres nunca podrán ser atados.

En esencia, ningún hombre es verdaderamente libre hasta que no tenga la libertad de gobernar o ejercer dominio sobre su ambiente. Nótese que esta no es una libertad para dominar a otras personas, sino para señorear sobre nuestro propio ámbito. Este es el núcleo del verdadero liderazgo, inspirar a los hombres a declarar independencia de las ataduras de las opiniones y prejuicios de otros hombres, y utilizar el potencial ilimitado dentro de ellos para creativamente ejercer dominio sobre la tierra, la cual es su destino.

Por lo tanto, cualquier forma de liderazgo que restringe, niega, inhibe, limita, reprime, oprime, obstruye o frustra este mandato y capacidad dados por Dios, no es liderazgo para nada. El verdadero liderazgo libera a los seguidores para que sean guiados por el Espíritu Santo, pues solamente al que el Hijo liberta es verdaderamente libre (véase Juan 8:36).

"Nadie es realmente libre sino hasta que todos sean libres".

NOTAS BIBLIOGRÁFICAS

Capítulo uno

1. http://www.afb.org/braillebug/helen_keller_bio.asp

Capítulo dos

2. Warren G. Bennis, *On Becoming a Leader* (Nueva York: Basic Books, 2003), 39-40.
3. http://www.wisdomquotes.com/cat_leadership.html
4. Bernard L. Montgomery, *Memoirs of Field-Marshal Montgomery* (Cleveland: World, 1958), 70, citada en J. Oswald Sanders, *Liderazgo Espiritual* (Chicago: Moody Publishers, 2007), 27.
5. http://www.quotationspage.com/quotes/Laurence_J._Peter
6. http://www.quotationspage.com/quote/24968.html

Capítulo tres

7. *Diccionario de la Real Academia Española,* 23ra edición, "Catalizador".
8. Bennis, *On Becoming a Leader,* xxxiii, xxvii.
9. *Ibid,* 42.
10. *Ibid,* 104.

Capítulo cuatro

11. Bennis, *On Becoming a Leader,* xxvii.
12. Winston S. Churchill, ed., *¡No nos rendiremos jamás!: Los mejores discursos de Winston Churchill* (Nueva York: Hyperion, 2003), xxviii.

Capítulo cinco

13. Rachel Sahlman, "Thomas Alva Edison", *SPECTRUM Home & School Magazine,* http://www.incwell.com/Biographies/Edison.html

14. Sitio electrónico de "Provident Foundation", http://providentfoundation.org/history/williams.html
Capítulo seis
15. J. Oswald Sanders, *Liderazgo Espiritual* (Chicago: Moody Publishers, 2007), 72.
Capítulo siete
16. Bennis, *On Becoming a Leader,* 33.
17. http://www.wisdomquotes.com/cat_leadership.html
Capítulo ocho
18. *Diccionario de la Real Academia Española*, 23ra edición, "Catalizador".
19. http://www.quotationsbook.com/quote/29964
20. Dominique Jarrasse, *Rodin: la pasión por el movimiento* (Paris, Francia: Terrail, 2001), contratapa, 9-10.
21. Sanders, *Liderazgo Espiritual,* 67.
Capítulo nueve
22. Bennis, *On Becoming a Leader,* 30.
Capítulo trece
23. *The Columbia World of Quotations* (Nueva York: Columbia University Press, 1996), http://www.bartleby.com/66/18/41418.html
24. Percy Bysshe Shelley, "Ozymandias", (Nueva York: Pocket Books, 1952), 295.
Capítulo catorce
25. Sanders, *Liderazgo Espiritual,* 29.
Capítulo diecisiete
26. Sanders, *Liderazgo Espiritual,* 34.

ACERCA DEL AUTOR

El Dr. Myles Munroe (1954–2014) fue un orador motivacional internacional, autor de éxitos de venta, educador, mentor de liderazgo y consultor para el gobierno y las empresas. Viajando extensamente por todo el mundo, el Dr. Munroe abordó problemas críticos que afectan la gama completa del desarrollo humano, social y espiritual. Fue un autor popular de más de cuarenta libros, incluyendo *El poder del carácter en el liderazgo, El propósito y el poder de la autoridad, Los principios y beneficios del cambio, Convertirse en un líder, El propósito y el poder del Espíritu Santo* (anteriormente titulado *La Persona más importante en la Tierra*), *El espíritu de liderazgo, Los principios y el poder de la visión, La comprensión del propósito y el poder de la oración, Entendiendo el propósito y el poder de las mujeres* y *Entendiendo el propósito y el poder de los hombres*. El Dr. Munroe fue el fundador y presidente de Bahamas Faith Ministries International (BFMI), una organización multidimensional con sede en Nassau, Bahamas. Fue director ejecutivo y presidente de la junta directiva de la Asociación Internacional de Líderes del Tercer Mundo, presidente del Instituto Internacional de Capacitación para el Liderazgo, y fundador y productor ejecutivo de varios programas de radio y televisión emitidos en todo el mundo.